澄

心

清

意

澄心文化

阅

读

致

远

天下

诸侯的

Zhuhou de
Tianxia

黄朴民 —— 著

浙江文艺出版社
Zhejiang Literature & Art Publishing House

图书在版编目（CIP）数据

诸侯的天下 / 黄朴民著 . — 杭州 : 浙江文艺出版
社 , 2024.1（2025.1 重印）

ISBN 978-7-5339-7380-3

Ⅰ.①诸… Ⅱ.①黄… Ⅲ.①《左传》—通俗读物
Ⅳ.① K225.04-49

中国国家版本馆 CIP 数据核字（2023）第 189775 号

策划统筹　柳明晔
责任编辑　邵　劼　宋文菲
责任校对　唐　娇
数字编辑　姜梦冉　诸婧琦
营销编辑　余欣雅
责任印制　吴春娟
封面设计　安　宁

诸侯的天下

黄朴民　著

出版发行　浙江文艺出版社
地　　址　杭州市环城北路 177 号
邮　　编　310003
电　　话　0571-85176953（总编办）
　　　　　0571-85152727（市场部）
制　　版　浙江立飞图文制作有限公司
印　　刷　杭州富春印务有限公司
开　　本　880 毫米 ×1230 毫米　1/32
字　　数　178 千字
印　　张　8.625
插　　页　6
版　　次　2024 年 1 月第 1 版
印　　次　2025 年 1 月第 3 次印刷
书　　号　ISBN 978-7-5339-7380-3
定　　价　69.80 元

从《左传》到《史记》：
《赵氏孤儿》的惊天之谜

（代序）

　　古往今来，书写历史的，向来是胜利者，或依附于胜利者、权势者的御用文人。为了自身的利益，他们可以任意掩饰、剪裁、修改，甚至于杜撰、歪曲历史事实。他们所重构的历史，在权力的反复宣传、大力推行下，成了人们认知历史的主流观点或基本框架。"谎言重复一千遍，也就成了真理"，这在历史记叙体系构建中可谓屡见不鲜。

　　而普遍失语的芸芸众生，在历史的事实判定与价值取向上，始终难以摆脱被引导、控制和驯化的处境，对他们来说，相信所谓"正统"史学所描述的历史史实，认同那些占统治地位的思想所提倡的历史文化观念，是合乎逻辑、出乎自然的选择。用"一犬吠影，百犬吠声"来形容历史精英意识与大众心态的互动关系，毫无疑问是恰当而准确的。

一

脍炙人口、妇孺皆知的"赵氏孤儿"的故事，就是历史话语肢解并重构历史真实的一个典型例子，从某种意义上说，它简直就是真实历史遭到蓄意歪曲与重新建构之后所形成的一个"神话"。

赵氏孤儿的故事在中国历史上流传悠久，而无数戏曲、民间故事对这一文本进行的形形色色的改编、传播与发扬，更使得它漂洋过海，风靡天下。"中国孤儿"甚至还进入过法国著名启蒙思想家伏尔泰的视野，成为中西文化交流史上的一个重要印证。近年，它还被陈凯歌、葛优等人拍摄成电影，让普通民众体验穿越，梦回春秋，"重温"了一段似曾相识却又颇为陌生的晋国历史。总之，"赵氏孤儿"作为一个典故、概念的影响，早已不仅仅局限于历史学家的书斋，而是如"旧时王谢堂前燕，飞入寻常百姓家"，进入了普通民众的文化认知领域。

"赵氏孤儿"的故事，在一般的版本中通常是这样描述的：晋灵公武将屠岸贾仅因其与忠臣赵盾不和、嫉妒赵盾之子赵朔身为驸马，竟一举杀灭赵盾家三百人，仅剩遗孤赵武被程婴救出。屠岸贾下令杀尽全国一个月至半岁的婴儿，斩草除根，以绝后患。程婴遂与老臣公孙杵臼上演一出"偷天换日"，以牺牲公孙杵臼及程婴之子为惨痛代价，成功地保住了赵氏的最后血脉。二十年后，孤儿赵武长成，程婴告知国仇家恨，赵武终于痛快报仇。作品描写了忠正与奸邪的矛盾冲突，热情讴歌了主要人物为维护正义，舍己为人的高贵品质，慷慨激昂，大义凛然，感人肺腑。

这是历史戏曲和民间传说中的"赵氏孤儿"，但它可不是凭空捏造、向壁虚构的产物，而是以一定的史实为依据的"再创造"。其最主要的母本，就是有"史家之绝唱，无韵之《离骚》"（鲁迅语）之称的《史记·赵世家》。司马迁《史记·赵世家》载，晋国赵氏家族于晋景公三年（公元前597年）惨遭灭族之祸，史称"下宫之难"。赵氏的遗腹子赵武，在门客公孙杵臼和程婴的保护下幸免于难，并依靠韩厥等人的帮助复兴赵氏的基业。

"下宫之难"发生十五年后，晋景公患重病。占卜的人称是冤死的大臣在作祟。韩厥趁机把当年"下宫之难"的实情告诉了晋景公，并告诉他赵氏孤儿并没有死。晋景公便将赵武召入，藏于宫中。待诸将入宫问疾时，晋景公借助韩厥之力胁迫诸将面见并认可赵氏孤儿赵武，诸将与程婴、赵武一起进攻屠岸贾，夷灭其族。

赵氏孤儿赵武大仇得报后，忠义之臣程婴慷慨赴死，拔剑自刎而亡。而赵武则为程婴"服齐衰三年，为之祭邑，春秋祠之，世世勿绝"。

《赵世家》关于赵氏孤儿一事的记叙，已然是一场由忠奸双方演绎的悲喜剧。其具有极强的故事性，浑不似史家的手笔，倒更像是一段可歌可泣的传奇小说，读来荡气回肠，令人血脉偾张。后世戏曲、民间故事里的"赵氏孤儿"内容，除了事件发生时间上由晋景公时期换成了更早的晋灵公时期，以及被杀的孩子由第三者的孩子改成了程婴自己的孩子之外，基本上就是对《史记·赵世家》所记述内容的文学再现而已。

二

但是，就在同一部《史记》中，《晋世家》有关"赵氏孤儿"的记载就与《赵世家》大相径庭：它根本不是什么忠奸生死搏斗的故事，仅仅是晋国内部公室与强卿之间的一场权力博弈。没有哪一方特别神圣高尚，能以所谓的道德情操相标榜。

与《赵世家》文学化的浓墨重彩截然不同的是，《史记·晋世家》有关"下宫之难"的记载非常简洁："晋景公十七年，诛赵同、赵括，族灭之。"对此，同为强宗重卿的韩厥表示强烈不满，他对晋景公谈起赵衰、赵盾的功绩，称如果他们这样的功臣都没有后人祭祀，谁还愿意为国家效力："赵衰、赵盾之功岂可忘乎？奈何绝祀！"于是晋景公复立赵武为赵氏后嗣，恢复了赵氏的爵位和封邑，"乃复令赵庶子武为赵后，复与之邑"。

这里，"赵氏孤儿"的故事情节就明显不同于《赵世家》的记载了。一是赵氏孤儿根本没有遭到追杀。二是既然赵武生命安全无虞，程婴、公孙杵臼这样舍生取义、杀身成仁的英雄人物也自然无须存在并登场了。三是在"下宫之难"发生的时间上，《赵世家》与《晋世家》相矛盾，而《晋世家》的记载更为可信，且与《史记·十二诸侯年表》《左传·成公八年》的记载相一致。换言之，此事应发生在晋景公十七年（公元前583年），而非在晋景公三年，因为晋景公三年后，《左传》《史记·晋世家》尚有不少赵括等人参与军政要务的记载，若是该劫难发生于晋景公三年，那么，这个时候赵括等再出场，岂不是活见鬼了？四是晋景公并非将赵氏全族赶尽杀绝，而仅仅有针对性地除去了赵氏中的赵同、赵括家族。属于赵氏其他分支的赵旃等人则不受任何牵连，继续当着他的卿大夫。五是晋国当时正处于异姓贵族把持政权，与国君争夺权力的局面。那些异姓贵族都大名鼎鼎，主要就是郤氏、赵氏、魏氏、韩氏、范氏、栾氏、中行氏、狐氏等大族，而屠岸贾的"屠氏"可从来不是什么大族身份，他冒出来操控朝政，实在属于无中生有，匪夷所思。

而《史记·晋世家》中有关"下宫之难"与"赵氏孤儿"的记载，是有其所本的，这个"本"，即它的更早出处，乃是先秦原始史籍《左传》与《国语》。换言之，即《晋世家》的叙述，与《左传》《国语》的记载基本一致。

《左传》是这样记载"下宫之难"与"赵氏孤儿"的：赵朔之妻赵庄姬与丈夫的叔父赵婴有奸情（见《左传·成公四年》），事情败露后，赵婴被赵同、赵括兄弟驱逐出晋国，并客死在齐国（见《左传·成公五年》）。赵庄姬因此怀恨在心，在晋景公面前进谗言加以诬陷："赵同、赵括将要作乱。"与此同时，与赵氏家族早有矛盾的栾氏、郤氏家族趁机出面为赵庄姬做证，于是，晋国诛杀了赵同、赵括，并灭其族（俱见《左传·成公八年》，也即发生于晋景公十七年）。

变乱发生时，赵武跟着赵庄姬住在晋景公宫里，并未遭到追杀的威胁。而《左传》有关韩厥的谏诤记载,更是有声有色:"韩厥言于晋侯曰:成季之勋,宣孟之忠,而无后,为善者其惧矣!三代之令王,皆数百年保天之禄,夫岂无辟王,赖前哲以免也。《周书》曰:'不敢侮鳏寡。'所以明德也。"于是,晋景公"乃立武,而反其田焉"(《左传·成公八年》)。

历史研究所依据的资料,基本分为两大类,一是"文",即著录于简帛等材料的文字内容;另一样是"献",即由博闻强记而驰名的耆宿故老,一代代口耳相传的历史故事,类似于今天的口述史学。自古以来,"文献"并举,即意味着二者同等重要。而司马迁撰写《史记》,也同样对二者兼收并蓄,双管齐下。与"文"相比,"献"虽然生动,但在口耳相传的过程中,难免会走样。从学术准确性的角度看,其史料价值应该说是逊色于"文"的。

历史学的书写最忌讳"孤证"。《赵世家》的叙述虽生动感人,但却来自"献",而且又是孤证;相比之下,《晋世家》的叙述,有更早的"文"作为参考(如《左传》《国语》等),能够进行对勘与验证,这无疑更符合历史逻辑与表述要求,更值得采信。而《赵世家》之所以难以赢得历代官方意识形态的高度信任,也正是在于它与其说是信史,不如说更多是为了迎合某些人的意愿而解构历史,使历史的本相淹没在历史叙述的重重迷雾之中。

三

但即便是《左传》《国语》《史记·晋世家》等史籍中有关

"下宫之难"的较为平直的记载，也同样抹不去真实历史被历代当权者重新建构的诸多痕迹，伴随着"历史由胜利者书写"的诡异魅影。

《左传》等史籍记述"下宫之难"的基调，是展示一场晋国内部公室与强卿大宗之间以及各大强卿豪门之间的倾轧与冲突。斗争的各方，都毫无高尚的道德动机可言，而仅仅是为了除去对手、消灭异己，攫取更大的权力。其间，叙述者的态度貌似比较公正，但其实不然。细加体味，我们可以发现，他们还是从字里行间多少透露出了些许好恶爱憎的倾向性态度。

事实上，从左丘明到司马迁，叙述者们的基本立场，始终站在赵氏一方，对赵同等人遭遇灭门之祸无不抱有浓浓的同情与怜悯之心：晋景公轻易相信赵庄姬的诬告之辞，这难道不是昏庸糊涂？将曾对晋国发展有大贡献的赵氏斩草除根，这难道不是忘恩负义、过河拆桥？让与赵氏有隙的栾氏、郤氏做伪证，给赵氏落实"莫须有"的罪名，这难道不是蛇蝎歹毒？所以，史书表面上虽从冷眼旁观的"上帝视角"叙述这个历史事件，但实际上，处处蕴含着叙述者的思想立场、价值取向，巧妙地为赵氏鸣冤叫屈，不露声色地对晋公室予以贬损抨击。而叙述者之所以这么做，真实的动机，只能是从维护胜利者的立场出发，有意识地对历史加以选择性的重新建构。

在今天我们所能见到的所有记叙"下宫之难"的史籍中，《左传》是"万物起源"，换言之，它是《国语》《史记·晋世家》叙事上的"母本"。所以，"下宫之难"事件的历史重构之发生，穷本溯源，就必须从《左传》说起。

据学者研究的结果，《左传》一书在记叙春秋诸国历史过程中，以载录晋国的史事最为翔实，故可以做出合理的推测：晋国的国史，是《左传》史料的主要来源。现在的问题是，构成《左传》的晋国史料文献是否充分可靠，是否属于不带任何倾向性的客观历史。

要说清楚这一点，我们就必须界定《左传》的成书年代，考察晋国政治生态的嬗变。

关于《左传》的成书年代，学术界众说纷纭，莫衷一是，但崔述与杨伯峻的观点，较为合理，值得参考。崔述《洙泗考信余录》称："战国之文恣横，而《左传》文平易简直，颇近《论语》及《戴记》之《曲礼》《檀弓》诸篇，绝不类战国时文，何况于秦？襄、昭之际，文词繁芜，远过文、宣以前，而定、哀间反略，率多有事无词，哀公之末，事亦不备。此必定、哀之时，纪载之书行于世者尚少故尔。然则作书之时，上距定、哀未远。"这里，崔述给《左传》的成书年代大致划定了一个范围："上距定、哀未远。"

今人杨伯峻在其《春秋左传注》的前言中，更进一步加以考证，得出结论："足以推测《左传》成书在公元前403年魏斯为侯之后，周安王十三年（公元前386年）以前，离鲁哀公末年约六十多年到八十年。"

如果崔、杨等人的考据结论可信，那么，说明《左传》的成书是在"三家分晋"之后数十年，当时晋国已不复存在，它已作为一个记录时代的符号永远退出了历史舞台。因此，《左传》对晋国历史的描述，具有很明显的追叙性质，这意味着历史的重新建构有了运作的空间，写史者能根据现实的需要，借由"追叙"的行为，对记录下的"过去"做有选择性地取舍。从这个意义上说，《左传》成书于战国初期，那么其追述春秋历史，一定会打上特定的、战国初期的烙印，继而反映出春秋历史朝战国演变的政治奥秘。

另外，我们在考察"下宫之难"史实时，更必须注意到晋国政治生态的嬗变及其影响，必须看到赵氏宗族是晋国政治变迁中的胜利者、受益者这一点。因为这对于"下宫之难"这段历史的重新建构，乃是重要的动因，是一个不可忽略的要素。

晋国自公元前669年晋献公攻灭聚邑，尽杀群公子之后，公室衰微，国内逐渐形成了国君与异姓贵族联合执政的基本政治格局。在这种局面下，国君与异姓贵族之间的关系非常微妙，国君主要是通过驾驭与平衡异姓贵族势力，来操纵政局，主导统治；而异姓贵族对国君则是既依附，又对抗；同时，各个异姓宗族之间也是或结盟，或倾轧。这样复杂的政治生态，决定了晋国君卿关系、卿大夫之间的关系，会不时出现激烈对抗、交锋的场面，势力此消彼长，动荡此起彼落。

总的来说，晋国政治演变的基本趋势是，君权日趋衰微，而强卿大宗的势力则日益膨胀，渐渐控制了晋国的军政权力。当然，这个过程是有曲折起伏的，作为国君，自然不甘心大权旁落，会殊死反扑；而作为大族，则既要向公室夺权，又要与其他大族争斗。于是，围绕着公室与卿大夫之间、卿大夫相互之间的一系列矛盾，晋国曾发生多起君臣相杀、众卿互斗的闹剧，如赵穿弑晋灵公；晋厉公灭郤氏家族；栾氏、中行氏弑晋厉公等。刀光剑影，你死我活。而晋景公与栾氏、郤氏联手发动"下宫之难"，剪灭赵氏，只不过是类似事件的又一次重演而已。而对晋景公来说，"下宫之难"亦无非是他充分利用卿大夫之间的矛盾，企图以此削弱各方势力，继而巩固公室权力的手段罢了。

赵氏是晋国诸多强卿宗族中一个十分显赫的大族，更是晋国政治权力格局里的重要一极。从《左传》等史籍的记载中，我们可以清楚地看到：晋文公时代有赵衰的身影，晋襄公、晋灵公时代有赵盾的擅权，晋景公时代有赵括、赵旃等人的张扬，晋厉公、晋平公时代有赵武的登场，晋定公时代有赵鞅的亮相，晋出公在位之时有赵无恤的表演，他们在晋国政坛上呼风唤雨，纵横捭阖。直到晋国末年，赵、韩、魏三大家族联手攻灭智氏，变"四卿共治"为赵、韩、魏"三卿主政"，乃至"三家分晋"，在这中间起主导作用的，都是赵氏一族。与先氏、狐氏、中行氏、郤氏、栾氏等大族旋起旋灭不同，自晋文公时代起，赵氏在晋国的政坛上长期屹立不倒、绵延不绝，其政治参与度不可谓不密切，影响力不可谓不深远，可以说是与晋国的历史相始终。中间虽然也曾发生过"下宫之难"的波折，导致赵括、赵同等人被灭族，使得赵氏的政治上升势头一度受挫，但不到一年，他们就卷土重来，恢复了元气。

赵氏最大的优点，是其头面人物大多老谋深算，高明睿智，既富有战略智慧，能洞察时局发展之大势，又精明强干，具有非常杰出的行政办事能力。赵衰的多谋善断、赵盾的睿哲干练固不必多言，赵文子赵武、赵简子赵鞅、赵襄子赵无恤等人，也无一不是顶尖的厉害角色。他们或首创"军功爵制"，在制度建设上做出重大的建树；或主动改革田赋征发制度，顺应时代的潮流，在政治角逐中尽占先机之利。赵氏终于在晋国政治演变的舞台上成为首屈一指的主角，直至笑到最后，成为名副其实的胜利者——战国七雄之一。

在当时许多人的眼里，赵氏一族乃是替代晋国、主宰天下的不二之选。如银雀山汉墓竹简《孙子兵法》佚文《吴问》中，孙子为吴王阖闾预测晋国政治的走向，就明确指出：赵氏宗族的情况，则与范、中行、智、韩、魏等五家大不一样。六卿之中，赵氏的亩制最大，以一百二十步为畹，二百四十步为亩。不仅如此，其征收租赋向来不过分。亩大，税轻，公家取民有度，官兵数量寡少，在上者不致过分骄奢，在下者尚可温饱生存。苛政丧民，宽政得众，赵氏必然兴旺发达，晋国的政权最终要落入赵氏之手。孙子的看法，应该说代表了当时不少有识之士的共识。

四

既然《左传》是战国初期才正式成书，而赵氏宗族又是"三家分晋"中的最后胜利者，那么，《左传》的撰著者在追叙赵氏宗族与晋国公室之关系时，就不能不选择对自身有利且"正确"

的政治立场。站在维护胜利者利益与形象的角度，《左传》自然会在情感上向赵氏这一侧倾斜，有意无意地改造乃至曲解真实的历史，将其塑造成为晋国政治舞台上的正面形象。反之，凡是与赵氏有矛盾、有冲突的晋国国君与其余异姓贵族，都或多或少被扭曲成了负面人物。

于是，本身在为君之道上有缺陷者（如晋灵公），就变得更为不堪，从而令赵穿的弑君丑行显得不那么阴暗。而事件的"影武者"赵盾也由此减轻了部分罪责与骂名。在"下宫之难"一事中，叙述者也将品行上没有多大瑕疵的晋景公暗示为偏听偏信的昏君庸主，给后人精心营造了赵氏遭遇打压清洗的错误印象。由此，一年后赵氏之案迅速得到昭雪，晋悼公时代赵氏一族的新生力量代表者赵武任职主事，也都成了理有固然，势所必然，并获得了充分的肯定和推崇："四军无阙，八卿和睦"（《左传·襄公八年》）。这样的"春秋笔法"，通过为胜利者赵氏抬轿子，曲折而隐晦地证明了赵氏等三家夺取晋国政权的合理性与合法性。尤其夸张和离谱的是，叙述者不仅处心积虑编造了日后晋景公"梦大厉"的神话故事，断言其"不食新"（吃不上新收割的麦子就会死掉），幸灾乐祸，甚至不惜拿晋景公如厕之时不慎跌入粪坑意外身亡一事大做文章，歇斯底里地发泄对他的仇视和愤懑的情绪（参见《左传·成公十年》）。这种偏袒赵氏、抹黑晋国公室的倾向性，至此可谓毫不掩饰，昭然若揭。

显而易见，历史由胜利者书写，其本相总是由依附于胜利者的史官所任意改造。纵观古今中外，这都是普遍的文化现象。

从这个意义上说，《左传》将"下宫之难"这一事件以现在这种面貌呈示在后人的面前，也并非不能理解。

其实，如果站在晋国公室的立场，晋景公发动"下宫之难"，也有其合理性与必要性。换言之，痛下杀手，无情地镇压赵氏势力，加强君权，是晋景公当时作为君主的自然选择。正所谓"攘外必先安内"，这为他从事争霸战争创造了必要的内部稳定条件。如前文所述，赵氏集团自晋文公时代以来，一直是左右晋国政局的一股重要势力。他们虽然在晋国争霸事业的推进过程中有功于国，却也是"赵穿弑君"一类内乱的罪魁祸首，给晋国争霸带来过不利的影响。从史书记载看，晋景公打压赵氏是由来已久的，在"下宫之难"爆发前的公元前587年，中军将郤克去世，晋景公果断地提拔栾书任中军将执掌国政，其主要目的就在于限制、削弱和打击赵、郤两族的势力。而在当时诸卿中，栾书生活俭约、处事谨慎，是值得信任的一位人物。但是赵氏一族中的赵同、赵括等人明知君意已决，仍不知收敛，晋景公忍无可忍，终于以赵庄姬的告状为契机，当机立断，发动"下宫之难"。经过这一事件，赵氏势力中衰，晋国大权转入栾氏之手，而栾氏执政风格较为谨慎，所以，晋景公的君权因赵氏之衰而有所加强。这恐怕更符合当时的历史本相。

我们完全可以设想，如果当年赵氏像栾氏、中行氏、智氏等其他强卿大族一样，在血雨腥风的晋国政治斗争中遭受灭顶之灾，那么，史书中"下宫之难"起因的叙述和性质的判定，一定会和我们今天所能见到的有所不同。不仅如此，更早的"晋灵公被弑"事件的解读也会截然有别：事发之时赵氏一族的领袖人物赵盾，肯定免不了被戴上"乱臣贼子"的帽子。总而言之，"历史是由胜利者书写的"，这一规律合乎人性逻辑，因而屡试不爽。

对于实有其事的"下宫之难"，《左传》《国语》《史记·晋世家》的记载尚能较客观地描述事件，而只是在情感倾斜、立场选择上从有利于赵氏的方向进行叙述，从而做出与史实略有偏差的性质判定。然而，《史记·赵世家》有关"下宫之难"的叙述，却突破了历史学客观叙事的基本底线，它将一场权力争斗的事件，演化为一个忠奸对立、正邪较量的故事。这样，历史的本相就被完全掩盖了，历史的"正义"也荡然无存了。历史，变成了文学；真相，敷衍为杜撰；感性，取代了理性。

而在此基础上衍生出来的"赵氏孤儿"戏曲与传说，则走得更远、编排得更为离谱，连事件发生的时代都由晋景公时代错置到晋灵公时代了，被杀的赵氏人物，也由赵同、赵括等人换成了实际上"寿终正寝"的赵盾，整个故事的性质更是完全成为道德教化的范例。然而，它的能量却千百倍大于一般的史书。民众耳濡目染、感化挹注，将这个杜撰捏造出来的故事视为春秋时期的一段信史来看待。至此，晋国国君的荒淫无道，赵氏贵族的正派可敬，忠臣义士的正气凛然，邪不压正的万古不易，都成了铁板钉钉、不可动摇的"真实"。

因此，如果说《左传》《国语》《史记·晋世家》有关"下宫之难"的叙述，是反映了历史的"近似真实"与"逻辑真实"，还是有根有据的追叙；那么，《史记·赵世家》关于"下宫之难"的叙述，则已异化成了历史的"想象真实""艺术真实"，与历史的本相并没有对应的关系。至于从《赵世家》"下宫之难"中衍生而来的民间传说、戏曲故事"赵氏孤儿"，那就纯粹是个"传说"而已，是杜撰、胡编的"历史"，早已与真实的历史分道扬镳，八竿子打不着。

但是，这个历史的重新建构轨迹，却也颇具典范性的警示意义。它非常有力地证明了，历史的本相是扑朔迷离、幽暗未彰的；历史叙述中的真实性之反映，古往今来都受政治与权力因素的影响与制约，也受主流意识形态、伦理道德观念、社会普遍价值取向的引领乃至塑造。我们所能看到的历史事实，很有可能并非事实，而仅仅是一个"神话"，即一个由"历史是由胜利者书写"之逻辑所演绎的"神话"而已。

从这个意义上讲，孟子所主张的"尽信书，不如无书"，永远是我们认识历史、理解现实的不二法门。

目 录

笑傲江湖："小霸"郑庄公的崛起之路

一、风云际会：郑国发展走上快车道

郑庄公是春秋初年郑国的第三代国君，他在历史上的最大作为，是通过各种手段使得西周末期才立国的小小郑国，在春秋初年率先崛起，"小霸"天下，一鸣惊人。

郑国在春秋初年从一众末流小国中脱颖而出，甚至一时间跻身霸主之列，绝非侥幸和偶然。首先，当时的整个战略环境为其提供了千载难逢的时机。周平王东迁洛邑之后，周王室是"王小二过年，一年不如一年"，实力与威望断崖式下跌，天下政治真空局面已是初露端倪。而当时主要诸侯国多受困于国内事务的纠缠，同室操戈，斗凶使狠，臣弑君，子弑父，一片狼藉，无暇外顾。举例来说，晋国正忙于内部权力的你争我夺；秦国正在与戎狄做生死较量；齐、鲁之间的战争势均力敌，没完没了；楚国刚刚起步，还不敢妄作逐鹿中原之想；宋、卫、陈、蔡、曹、许诸国将弱兵寡，力有不逮，这一切，都为郑庄公提供了争霸称雄的大好时机。

其次，是郑庄公政治手腕老练，政治操盘能力出众，不仅"想干事，敢干事"，而且"会干事，能干成事"，堪称一代枭雄。郑庄公堪称料事如神。《孙子兵法》上说："知彼知己，百战不殆。"一个政治人物是否成熟，不看他是否口若悬河、善于作秀，就看他有没有睿智的头脑，能否透过复杂纷纭的表象，一眼明了事物的本质，未雨绸缪，先发制人。

郑庄公在这方面可谓是第一流的高手，他与其父郑武公、其祖郑桓公三代均为周王室的卿士，对周王室的大小事务、各种矛盾了若指掌，谙熟于心。因此，作为局内人，他比其他人更早、更清晰地看到周王室外强中干、色厉内荏的事实，看到"天而既厌周德矣"的形势，知道周天子权威的没落乃是不可逆转的趋势，从而凭实力进行政治上的重新洗牌。当诸侯争霸，"礼乐征伐自诸侯出"的时代来临时，郑庄公当机立断，捷足先登，第一个跳将出来，利用周王室执政卿士"近水楼台"的便利条件，先后联鲁，伐宋，侵陈，攻许，一举造就"小霸"的风光局面。

郑庄公娴熟的政治手段，过人的政治操盘能力，还表现为能屈能伸。这说白了便是能在处于下风时适当地"装孙子"，"扮猪吃老虎"，做到以退为进，以柔克刚——"夫唯不争，故无尤"。用杜牧《题乌江亭壁》的诗句说，就是"包羞忍耻是男儿"。若一个人能够真正践行"装孙子"哲学，那么，他格局之大，机心之深，都是臻于一流，乃至令人畏惧的。而郑庄公就是这样的人。

在郑国崛起的过程中，郑庄公懂得"攘外必先安内"的道理，坚定肃清内部分裂势力，汲汲于强化国君的权力，为郑国的争霸扫清道路。

这场"安内斗争"集中体现在"克段于鄢"一事上。郑庄公的母亲姜氏在生他时难产，吃足了苦头，因此郑庄公从小就不讨母亲的喜欢；姜氏偏爱、溺爱的，一直是郑庄公胞弟姬段。大人物的私生活也是政治，姜氏的爱憎好恶就为日后的朝廷冲突埋下了深深的隐患。

姜氏是一个自以为是，喜欢自我表演，权力欲很强的女人。郑庄公登基后，她不甘寂寞，老是插手朝政，替爱子姬段经营前途。先是打上军事要地制邑的主意，遭到挫折后，又逼迫庄公将姬段分封到京邑（今河南荥阳东南），史称"京城大叔"①。

大叔段进驻京邑之后，立即大修城邑，图谋不轨。大臣祭仲目睹这一情况，迅速提醒庄公要防止出现大权旁落、尾大不掉的局面，以致威胁到自己的统治。但郑庄公只回答说"多行不义必自毙"。面对姜氏与姬段这种串通一气，给自己屡次制造麻烦的态度和行为，郑庄公隐忍不发，故意装出一副无关痛痒、漫不经心的样子。大叔段见兄长对自己的举动不以为意，便变本加厉，将郑国西部和北部的城邑攫为己有，进一步扩充自己的势力。姬段的得寸进尺之举，让郑庄公的臣子们都感到"是可忍，孰不可忍"，大夫公子吕就催促郑庄公迅速采取行动，有

---

① "京城大叔"，"大"通"太"。《左传》一书中，这一通假十分普遍，如"大子"即为"太子"。

力应对，毕竟天无二日，国无二君，"国不堪贰，君将若之何？欲与大叔，臣请事之；若弗与，则请除之，无生民心"（《左传·隐公元年》）。可郑庄公这时还是一再隐忍，以"不义，不暱，厚将崩"为理由婉言谢绝了公子吕等大臣的建议。

郑庄公对姬段和母亲姜氏咄咄逼人姿态的隐忍，其实恰是其政治手腕之老练、政治天赋之高明的写照。说到底，这不是单纯的隐忍或退让，而是韬光养晦，后发制人的做法。郑庄公迟迟不对自己的胞弟实施反制，不是他软弱，不是他胆怯，更不是他无能，而是他不能在没有准备就绪、稳操胜券的情况下过早地和对手摊牌。相反，在隐忍退让的表象下，他一直暗自积蓄力量，以求一招制敌，一举而胜。

郑庄公的对手们格局太小，视野太窄，对他的真实战略意图茫然无知，把郑庄公的克制隐忍、妥协退让误认为是软弱可欺，因而得寸进尺、步步进逼。大叔段在母亲姜氏的支持下，一直经营着篡权夺位的"大业"。郑庄公的隐忍放纵，使他得意忘形，大意轻敌，自以为机会来临，打算发动叛乱，乱中夺权。终于在鲁隐公元年（公元前722年），他整治城郭，积聚粮草，修缮武器，训练军队，并勾结姜氏充当内应，准备偷袭郑国国都。

郑庄公遂当机立断，命令公子吕统率二百辆战车讨伐大叔段，直捣其叛乱的巢穴。在郑军山呼海啸般的强大攻势下，京邑的民众一呼百应，奋起反对大叔段。大叔段大势尽去，被迫出逃到鄢（今河南鄢陵境内），郑庄公亲自统率大军征伐鄢邑。大叔段势穷力蹙，全线溃败，只好逃出郑国，夹着尾巴流亡到共国（今河南辉县）。至此，郑庄公彻底扫清了国内的分裂势力，巩固了自己的统治地位，为称霸诸侯解除了后顾之忧。

二、周、郑矛盾的由来与渐趋激化

郑庄公通过安内为自己攘外创造了条件，但是，在实现自己战略目标的过程中，他也不是一帆风顺。换言之，他遇上了一个很大的"坎"，这就是他与周王室之间发生了严重的矛盾，双方关系急剧恶化。

冰冻三尺，非一日之寒。郑国与周王室之间的矛盾由来已久。周平王在位时，为了稍加限制和分散郑庄公的权力，曾打算任命虢公林父为卿士。但由于事机不密，风声走漏，为郑庄公所获悉。郑庄公对此甚为不满，对周平王提出质询。平王予以否认，结果发生了"周郑交质"事件：周以王子狐在郑国为人质，郑也以太子忽在成周为人质。至此，周郑双方表面上暂时偃旗息鼓，可实际上却越发互相猜忌，各怀鬼胎。

公元前720年周平王去世，其孙姬林继位，是为周桓王。在这之前，在郑国充当人质的王子狐已经客死于郑国。王子狐正是周桓王的父亲，他的死使得桓王痛恨郑庄公的专横忌刻，无法无天。因此上台伊始，这位年少气盛，缺乏政治经验的天子便急不可待地开始打击甚至羞辱郑庄公，两国的关系更是急转直下。

周桓王虽然对郑庄公深恶痛绝，但顾忌对方广有羽翼，一开始并不敢马上就剥夺郑庄公的权力，而是"以迂为直"，投石问路，想模仿乃祖的做法，任命虢公担任右卿士。谁知郑庄公态度强硬，寸步不让，立即派遣大臣祭仲统兵收割尽了属于周王室所有的温地（今河南温县）的麦子，秋天又收取成周附近的稻禾。这样一来，周、郑之间的关系几乎到达了爆发的临界点。

郑庄公毕竟富有政治经验，他知道一味和周天子闹僵并不符合郑国的根本利益，所以他不愿激化矛盾，面对周桓王的作梗为难，他克制心中的恼怒，改施怀柔手段，于公元前717年主动前去王都洛邑朝拜周桓王，希望缓解长期以来彼此间的对立情绪。谁知周桓王并不买郑庄公的账。郑庄公吃了个闭门羹。

接着，周桓王又极不理智地干了两桩让郑庄公郁闷无比的事情。一是在公元前715年正式任命虢公林父为王室右卿士，让他与身为左卿士的郑庄公分庭抗礼。二是于公元前712年强行向郑庄公索取了邬、苏、刘、鄢等四座郑国城邑，而以本不属于周王所有的苏国十二个城邑作为交换，这等于是开了一张空头支票，给郑庄公画饼充饥。此番作弄使郑庄公气不打一处来，但他深知"小不忍则乱大谋"的道理，最终还是按捺住怒火，硬生生地忍了下去。这种打落牙齿往肚里咽的忍劲，实在了得。可见老谋深算，喜怒不形于色，正是郑庄公厉害的地方！

三、繻葛之战：郑庄公的"逆天"之举

郑庄公最惊世骇俗的"壮举"，莫过于逆"天"而行：在繻

葛（今河南长葛北）与周天子正面硬刚，并用新型“鱼丽”阵法杀得周室联军丢盔弃甲，人仰马翻。

公元前707年，踌躇满志的周桓王下令剥夺郑庄公左卿士的职位，把郑庄公逼进了死胡同。这一回郑庄公再也无法容忍，从此不再去朝觐周桓王。周桓王得理不饶人，认为必须进一步惩罚郑庄公无礼犯上的行为，杀鸡儆猴，便于同年秋天，亲率周、陈、蔡、卫联军对郑国发起进攻。郑庄公率兵迎战。双方军队遂在缬葛一带摆开战场，进行决战。

交战前夕，双方调兵遣将，布列阵势。周桓王按照当时的常规战法，将周室联军分为三支：左军、右军、中军。其左军由卿士周公黑肩指挥，陈军附属于内；右军由卿士虢公林父指挥，蔡、卫军附属其中；作为主力的中军则由桓王本人亲自指挥。

郑庄公针对联军这一部署，也相应将郑军编组成三个部分：中军、左拒、右拒（“拒”是方阵的意思），指派祭仲、曼伯等大臣分别指挥左拒、右拒，自己则与原繁、高渠弥等人一起，亲率中军，准备与周室联军一决雌雄。

正式交战之前，郑国大夫子元对战场形势进行了正确的分析。他认为，陈国国内正发生动乱，因此，其兵无斗志，其将无战心。如果先对陈军所在的联军左翼实施打击，陈军必定不堪一击；而蔡、卫两军的战斗力不强，届时也将难以抗衡郑军的进攻，势必先行溃退。据此，子元建议郑庄公首先击破联军的薄弱部分——左右两翼，然后再集中优势兵力进攻周桓王所指挥的联军的主力——中军。

郑庄公欣然接受了这一先弱后强、各个击破的作战方针。同时，另一位郑国大夫高渠弥鉴于以往郑军与北狄作战时，郑军前锋步兵被击破，后续战车失去掩护，以致无法与步兵进行有效协同作战而被动失利的教训，主张改变具体的作战方式，编组"鱼丽阵"以应敌。据《左传》等史籍的记载，"鱼丽阵"的基本特点是"先偏后伍""伍承弥缝"，即把战车布列在前面，将步卒疏散配置于战车两侧及后方，形成车步协同配合、攻防灵活自如的整体。左、中、右三军同时部署，两翼靠前，中军稍后，成倒"品"字形，像张网捕鱼似的打击敌人。郑庄公对高渠弥的建议拍手叫好，当即吩咐具体落实。

会战开始后，郑军按照既定作战部署向周室联军发起猛攻，旗动而鼓，击鼓而进。郑大夫曼伯指挥郑右军方阵，以泰山压顶之势攻击联军左翼的陈军，陈军果然士气低落，毫无斗志，一触即溃，逃离战场，周室联军左翼遂告解体。与此同时，郑大夫祭仲指挥郑左军方阵，奋勇进击蔡、卫两军所在的联军右翼部队。蔡、卫两军的情况也不比陈军好多少，未经几个回合的交锋，便丢盔弃甲，纷纷败退。周室联军中军为溃兵所扰，军心动摇，阵势顿时纷乱。郑庄公见状，立即摇旗指挥郑军中军，向周室中军发动攻击。祭仲、曼伯麾下的两大方阵也乘势合围，夹击周室中军。

失去了左右两翼掩护协同的周室中军，无法抵抗郑国三军的合击，仓皇后撤。周桓王本人也被郑将祝聃射中了肩膀。周桓王一败涂地，欲哭无泪，无奈之下，只好下令部队脱离战场，保住部分力量。这就是所谓"桓王箭上肩"的来历。

无论是风卷残云的"克段于鄢"，还是酣畅淋漓的缟葛之战，都让我们看到了郑庄公的铁血手腕、磐石意志。他不出手则罢，一旦出手，那就又准又狠，所向披靡。

四、缟葛之战的尾声及其影响

缟葛之战的结束也极富有戏剧性。它充分反映了郑庄公游刃有余的政治手腕、炉火纯青的斗争艺术，即所谓善后能稳。《孙子兵法》说："故不尽知用兵之害者，则不能尽知用兵之利也。"真正高明的战略家对战略目标的设定都是非常理智的，决不会在胜利面前头脑发热，忘乎所以，以至于在阴沟里翻船；而是能注意掌握分寸，见好便收。用现代的话讲，就是善于在"漫天要价"的同时，能够巧妙地"就地还钱"，做到"有理，有利，有节"。

郑庄公在缟葛之战善后问题上的举措，可见其机心深匿，棋高一着。当郑国在战场上大获全胜已成定局时，郑军上下十分振奋。祝聃等将领群情激昂，积极请战，建议郑军乘胜追击，以扩大战果。但是，郑庄公此时却表现出难能可贵的沉着镇定，拒绝了部属们的请战要求，冷静地表示："君子不欲多上人，况敢陵天子乎！苟自救也，社稷无陨，多矣。"（《左传·桓公五年》）下令终止追击，放了对手一马。郑庄公这么做，符合他一贯谨慎节制的行事风格。其含义便是：周天子的地位虽然已是今非昔比，但毕竟余威尚在，实不宜过分冒犯，以致引起其他诸侯的敌视与反对。

不仅仅如此，他还在当天晚上派遣祭仲等人代表自己前往周室联军的大营，慰问肩上中箭负伤的周桓王，从而给对方一个下台阶的机会。周桓王刚刚遭受惨败，自知再也无力与郑国继续交锋，见郑庄公主动示好，也就顺坡下驴，接受了事实。这样，就使得双方之间的关系不至于冷到冰点。既赢得了利益，显足了威风，又留有了余地，杜绝了后患。一石二鸟，游刃有余。郑庄公战略见识的高明、斗争火候的掌握，真是令人叹为观止。

繻葛之战规模不算太大，但是它在政治和军事两个方面都产生了十分重大的影响。在政治上，它使得周天子威信扫地，颜面无光。自桓王以后，再也没有一位周天子有足够的信心和底气，敢于率军出来和争霸称雄的诸侯比画较量了，"礼乐征伐自天子出"的传统，从此土崩瓦解。在军事上，"鱼丽阵"的面世和成功实践，使中国古代"三军阵"为主体的车阵战法逐渐趋向严密、灵活，机动性大大增强，从而有力地推动了古代战术的革新与演进，意义殊为重大。

繻葛之战以后，郑国春风得意，在诸侯列强中是一枝独秀。至此，华夏诸侯几乎都云集在郑庄公这面旗帜之下，郑国俨然成了重振华夏的领头羊。

但是，郑国毕竟是一个中型诸侯国，国力有限，其地理上又处于四战之地，向外发展受到很大的限制。所以，当郑庄公于公元前701年去世后，郑国便很快失去了诸侯之首的地位。

虽然后来郑厉公又擎起"勤王"的大旗，意图重现当年郑庄公的那份荣耀，可终究是今非昔比了。自西周以来，齐国一直雄踞东方，其国力远胜于郑。而此时，后世公认的"春秋第一霸"齐桓公业已继位。斗换星移，是到了郑国鞠躬谢幕，齐国粉墨登场的时候了！

大义灭亲：州吁之乱的血腥结尾

在西周时期，卫国是最重要的诸侯国之一，它位于前殷商政权的心腹区域，旨在直接镇抚"大邑商"的遗民势力。这一点，《尚书·康诰》等文献都有详细的记载。地理意义和历史意义都如此重大的封国，其始封者自然不可能不是重量级人物，他正是周文王之子、周武王之弟康叔。在当时，卫国与鲁国、齐国乃是三足鼎立，成为周人统治东方的最重要据点，起着拱卫洛邑和王畿地区的关键作用。

然而，时过境迁，进入春秋时期后，卫国当年的显赫与风光，早已成了明日黄花。"拔毛的凤凰不如鸡"，此时的卫国，已是泯然众小国，几乎没有了什么存在感，套用后人的词句，即是"舞榭歌台，风流总被雨打风吹去"。卫国的直线下坠，原因非常多，但其中的一大重要因素，无疑是政治黑暗，内乱频仍。发生在公元前719年的州吁之乱，就是其中具有代表性意义的一大事变。

事情还要从卫庄公的宫闱私事说起。卫庄公在位期间，按"同姓不婚"的规则，迎娶了齐国太子得臣的妹妹庄姜为自己的夫人。庄姜是一个倾城倾国的绝色美人，《诗经》中"肤如凝脂""巧笑倩兮，美目盼兮"，就是时人对其美貌的生动描述。不过令人遗憾的是，庄姜的肚子却不争气，一直没有怀上孩子。"不孝有三，无后为大"，卫庄公求子心切，又从陈国迎娶了厉妫和戴妫姐妹二人。这次，不仅情况好转，甚至可以说立竿见影：厉妫生下了孝伯。可惜的是，这孝伯的命不够硬，幼年时就不幸夭折了。好在还有戴妫，替卫庄公生下了公子完。不久，戴妫去世，大夫人庄姜收养了公子完，视同己出。卫庄公立公子完为太子。后来，当卫庄公寿终正寝之后，太子完顺理成章即位，是为卫桓公。

"卫庄公娶于齐东宫得臣之妹，曰庄姜。美而无子……又娶于陈，曰厉妫，生孝伯，早死。其娣戴妫，生桓公，庄姜以为己子。"（《左传·隐公三年》）

可是，滥情留种是多数君王的常态，卫庄公也不例外。另有一个宠幸的小妾生了一个儿子，名叫州吁。卫庄公"爱屋及乌"，对这个儿子也是宠溺有加。州吁恃宠而骄，表现极其恶劣。更出格的是，他生来喜欢舞刀弄枪，研读兵法，这在当时，是十分犯忌的举止。大夫人庄姜十分嫌恶公子州吁的行径，可是卫庄公不以为意，只是睁一只眼闭一只眼，放任州吁肆意妄为，我行我素。

"公子州吁，嬖人之子也。有宠而好兵。公弗禁，庄姜恶之。"（《左传·隐公三年》）

石碏是卫国的重臣，老成持重，忧国忧民，政治经验十分丰富。他觉得卫庄公对州吁的宠幸和放任，后患无穷。为了国家的长远利益，他认为自己有责任向卫庄公进谏，让卫庄公改变想法，防患于未然。石碏的话说得非常诚恳：臣听说，爱孩子应该教之以义方，避免孩子走上邪路。如果习于骄、奢、淫、逸，那么，必然会使孩子走上邪路。对孩子宠爱太过头，而不加任何的规范，那么他必将因一己私欲耽误国家大事。倘若您准备立州吁为您的接班人，那就快快定下来；如果您没有这个打算，您现在的所作所为，其实都是自掘坟墓的做法。

"臣闻爱子，教之以义方，弗纳于邪。骄、奢、淫、泆，所自邪也。四者之来，宠禄过也。将立州吁，乃定之矣。若犹未也，阶之为祸。"（《左传·隐公三年》）

石碏这样说的理由其实很简单：虽然受宠却不恃宠而骄，日后新君上位却能甘居下流，地位下降却不至于怨恨恼怒，心有不甘却能控制住自己的情绪，不寻衅滋事，这样的情况，可以说是十分稀罕的，"夫宠而不骄，骄而能降，降而不憾，憾而能眕者，鲜矣！"（《左传·隐公三年》）。石碏进而又向卫庄公指出，放任公子州吁飞扬跋扈，养大了他的野心，事实上是犯了六种大忌，逆天悖理；而正确的选择，应该是做到君义、臣行、父慈、子孝、兄爱、弟敬等"六顺"。如果抛弃"六顺"而去拥抱"六逆"，这无疑是害人害己。作为君主，理应是尽力除祸，可现在这样做却是添油加火，助长罪孽，这怎么行呢？

"且夫贱妨贵，少陵长，远间亲，新间旧，小加大，淫破义，所谓六逆也。君义，臣行，父慈，子孝，兄爱，弟敬，所谓六顺也。

去顺效逆，所以速祸也。君人者，将祸是务去，而速之，无乃不可乎！"（《左传·隐公三年》）

石碏苦口婆心，言之谆谆，可是昏庸的卫庄公却是听之藐藐，浑然不觉，不以为然，所以更不曾改弦更张，还是一如既往地对州吁宠幸有加。

石碏如此卓越优秀，可他的儿子石厚却很不成器。石厚素无识人之才，和公子州吁攀上了关系，两人结为死党，狼狈为奸。石碏对儿子的做法很不认同，反对儿子和州吁交往，可是，他的努力只是徒劳，石厚一如既往，和州吁打得火热。石碏忧心忡忡，但又无可奈何。

不久，卫庄公去世。太子完登上卫国国君的宝座，完成了卫国内部权力的更替。石碏是怀有忧患意识的政治家，知道卫国政局在表面平静之下，乃是暗流汹涌，随时会出大事，"见可而进，知难而退"，石碏不想蹚这趟浑水，于是就借口自己年老体衰，主动退休，告老还乡。

事态的发展，果然如石碏此前所料。卫桓公即位之后，州吁变本加厉，加快了抢班夺权的步子。他暗中招募亡命之徒，积聚力量，并与流亡在卫国的郑武公逆子叔段交上了朋友，两人一丘之貉，臭味相投，交流政变活动的经验教训。到公元前719年底，州吁终于发动叛乱，袭杀卫桓公，自立为卫国的国君。在这场血腥政变中，石碏之子石厚扮演了助纣为虐、为虎作伥的角色，这让石碏痛不欲生，本想加以制止，可又无能为力。

州吁篡位成功后，本性难移，胡乱折腾，到处惹是生非。

卫国与郑国接壤，两国之间过去经常有磕磕碰碰的情况，也多次爆发过战争。州吁是坏货，但不是笨蛋。他知道自己弑君自立，得位不正，国人内心根本不服，于是就想通过发动对外战争来转移国内民众的视线，缓和国内的矛盾。而战争的目标，则率先对准郑国。他利用宋国和郑国之间因君位之争而引发的矛盾，派遣使者前往宋国，约定联手攻打郑国。

"宋殇公之即位也，公子冯出奔郑。郑人欲纳之。及卫州吁立，将修先君之怨于郑，而求宠于诸侯，以和其民。使告于宋曰：'君若伐郑，以除君害，君为主，敝邑以赋与陈、蔡从，则卫国之愿也。'宋人许之。"（《左传·隐公四年》）

当时，陈、蔡两国与卫国关系和睦，乐意为卫国两肋插刀，配合其进攻郑国，这样，一切就绪后，该年夏天，宋、卫两国牵头，组成四国联军，一起攻打郑国，包围了郑都的东门，一连鏖战五天，始终难分胜负。联军不耐苦战，只得见好就收，"故宋公、陈侯、蔡人、卫人伐郑，围其东门，五日而还"（《左传·隐公四年》）。到了该年秋天，四国联军再一次攻打郑国，这一回，他们打败了郑国的步兵，抢劫了郑国田野里的庄稼，不可谓战果不丰，"诸侯之师败郑徒兵，取其禾而还"（《左传·隐公四年》）。

尽管在战事上有所斩获，但州吁稳坐江山的渴望还是落空了。卫国的"韭菜"们，他骗得了一时，可骗不了一世。州吁为巩固君位、转嫁矛盾，而穷兵黩武，发动战争，不仅不得民心，反而使卫国民众对这个弑君篡位者的愤恨与日俱增，只是慑于其淫威，才没有公开反抗。①

当时，不仅卫国国内怨声载道，民心思变，连其他诸侯国的有识之士也看出州吁倒行逆施，败亡已成定局。鲁隐公曾向大夫众仲询问州吁能否稳定大局，成就功业。众仲回答说，安定国家，只能以德服民，而从来没有听说过靠南征北战取得成功的。企图以乱成事，那必定是南辕北辙，适得其反。州吁依仗武力，冷酷残忍。可他不知道，以力假仁，则人心难附；而嗜杀成性，则众叛亲离，那肯定是成不了事的。战争，就像是烈火，如不自敛，必将自焚。州吁弑君篡位，又虐待卫国的民众，不想着导德齐礼，却妄想以战乱成事，最终必将彻底失败，所谓"兔子尾巴长不了"，他的垮台已近在咫尺。

"臣闻以德和民，不闻以乱。以乱，犹治丝而棼之也。夫州吁，阻兵而安忍，阻兵，无众，安忍，无亲。众叛，亲离，难以济矣！夫兵，犹火也。弗戢，将自焚也。夫州吁弑其君，而虐用其民，于是乎不务令德，而欲以乱成，必不免矣！"（《左传·隐公四年》）

事实证明，发动对外战争，根本达不到长治久安的目标，州吁上台半年多了，卫国内部的形势依然十分严峻，可谓扑朔迷离，暗流汹涌。这让州吁感到压力山大，寝食难安。作为州吁集团的骨干分子，石厚也是忧心如焚，希望替自己的主子排忧解难。为此，他便去向自己的父亲石碏请教稳定局面的对策，

---

① 《诗经》中的《击鼓》一诗，就是卫国民众对州吁发动攻郑之战厌恶情绪的表达。

"州吁未能和其民，厚问定君于石子"（《左传·隐公四年》）。石
碏一直在等待除掉州吁的机会，此时便将计就计，为州吁等人
设下一个圈套，诱使他们自投罗网。他告诉石厚说：让州吁去
朝见一下周天子，有天子的加持，那州吁的王位就算是合法了，
不愁卫国的民众不拥护。石厚说，这好是好，可是要怎样才能
攀上周天子的关系，朝见到他呢？石碏回答说：陈桓公如今正
得宠于周天子，而当下陈、卫两国又关系良好，如果去拜访陈国，
恳请陈桓公从中牵线搭桥，代为请求，这件事情就摆平了。"陈
桓公方有宠于王，陈、卫方睦，若朝陈使请，必可得也。"（《左
传·隐公四年》）

　　傻乎乎的石厚不知是计，信以为真，便向州吁做了汇报。
州吁正惴惴不安，一筹莫展，病急乱投医，也来不及仔细考量，
只好不管三七二十一，赌上一把，带上石厚前往陈国。

　　等这对君臣离开卫国后，石碏立即派人昼夜兼程赶赴陈国，
告诉陈桓公说：卫国地偏人少，我也年纪老了，想做许多事情，
却终是力不从心了。州吁和石厚这两个坏蛋，是弑杀我们国君
的元凶巨憝，只好拜托您帮忙处置了！"石碏使告于陈曰：卫
国褊小，老夫耄矣，无能为也。此二人者，实弑寡君，敢即图
之。"（《左传·隐公四年》）陈桓公也不含糊，按石碏的意愿，拘
捕了州吁和石厚，并发出邀请，由卫国自己派人来对州吁和石
厚明正典刑，"陈人执之，而请莅于卫。"（《左传·隐公四年》）
我想，陈国这么做，除了秉持公义之外，还有公报私仇的因素，
毕竟被州吁所弑的卫桓公，是陈国公室之女的儿子，于陈桓公

而言，卫桓公是自家的外孙。这样的仇怨，借着公义的幌子，堂而皇之给报了，这对陈国，何尝不是一件好事。

这一年的九月，卫国派遣右宰丑前往濮地（今安徽亳州市东南），将囚禁在当地的州吁杀死。因为石厚是石碏的儿子，卫人不忍心下手，让石碏自己来处理。石碏铁石心肠，派自己的家臣獳羊肩前往陈国，将石厚杀死。"九月，卫人使右宰丑涖杀州吁于濮。石碏使其宰獳羊肩涖杀石厚于陈。"（《左传·隐公四年》）

这样，卫国的州吁之乱，就在石碏血雨腥风的"大义灭亲"中画上了句号。卫国的贵族从邢国迎回卫桓公的另一个弟弟公子晋，冬十二月，公子晋即位，是为卫宣公。表面上看，卫国的政局似乎暂时稳定了下来；但是，其实这位卫宣公也不是什么好货色，与父亲姬妾私通，后又设计杀害太子，这真的让人怀疑石碏充当"纯臣"大义灭亲，杀子尽忠，做出巨大的牺牲之举，是否值得。而从州吁之乱，到卫宣公的荒淫，再到卫懿公的怪诞（喜欢养鹤，给鹤配车子，配官位），卫国一直都处在内耗和折腾的状态之中。因此，它在春秋时期的没落，也完全在情理之中了。

见色起意：华督弑君的来龙去脉

　　春秋时期"礼崩乐坏"，不少贵族虽然受过"礼、乐、射、御、书、数"的系统六艺教育，可是行为上却经常粗鲁野蛮，毫无底线，其中就不乏见色起意，横刀夺爱，为抢夺美女而大开杀戒、血溅朝堂这样的恶性事件。可以说，特洛伊的故事绝非希腊神话专属，同样的情节在中国春秋史上也屡见不鲜。公元前710年，宋国公室子弟、权臣华督因见色起意而发动政变，不仅残杀同僚孔父嘉，抢夺其妻，甚至不惜弑杀宋殇公，另立国君，就是这方面的一个典型。

　　华督，即宋督，名督，字华父，故又称华父督。他是宋戴公的孙子，算是"根红苗正"的宋公室宗族子弟，在当时宋国政坛上也算是兴风作浪、飞扬跋扈的强势人物。不过，他想要在宋国政坛上横行无忌、说一不二，除了受到宋殇公的掣肘之外，还有一块绕不过去的大石头，那就是时任宋国大司马的孔父嘉（孔夫子的祖先），这可是一个真正的实权人物，是宋穆公临终前为宋殇公亲自指定和安排的"顾命大臣"。"宋穆公疾，召大司马孔父而属殇公焉。"（《左传·隐公三年》）在你死我活的宫廷权斗中，温、良、恭、俭、让，都是致命的弱点；脸厚心黑，不择手段，才是保命与求胜的正途。所以，这个位高权重的孔父嘉，显然是野心勃勃的华督一直处心积虑想要扳倒的对象。

一位伟人曾经说过：凡是要推翻一个政权，总要先造成舆论。革命的阶级是如此，反革命的阶级也是如此。对追求权力的个人来说，要扳倒政治上的对手，又何尝不是这样？华督为了整倒整垮孔父嘉，开始不遗余力地制造流言，散布小道消息，抹黑孔父嘉的形象，煽动乌合之众的情绪，增加他们心目中对孔父嘉的仇恨值。

苍蝇不叮无缝的蛋，宋殇公的确也是烂泥坯不上墙的昏君。他的所作所为，几乎无一不是在"作死"，国家治理上乏善可陈姑且不说，对外关系更是搞得一团糟。自上任以来，宋殇公一直迷信武力，不断地挑起对强邻郑国的战争，给宋国带来了灾难性的后果，"宋殇公立，十年十一战"（《左传·桓公二年》），这"十一战"，绝大多数是与郑国交锋。宋殇公如此热衷于和郑国打仗，原因大约有二：一是"远交近攻"的战略原则，所谓"一山不容二虎"，土地毗邻又实力相当的两国，本来就容易将彼此作为战争的假想敌。

二是宋殇公为宋宣公之子，其国君宝座来自叔父宋穆公的谦让（当年宋宣公临终时，废父死子继制，而行兄终弟及制，让其弟宋穆公继位。如今宋穆公亦步亦趋，将君位不传其子，而传其侄），这样一来，宋穆公之子公子冯在宋国就待不下去了，流亡到了郑国，由郑庄公给罩着，身家性命有了安全上的保证。

然而在宋殇公眼里，公子冯始终是一块心病，必欲去之而后快。所以冲动之下，宋殇公时不时地主动骚扰郑国，希望郑国因不胜其烦，而放弃对公子冯的保护。

这仗若是打赢了，那还好说；问题是郑庄公是硬角儿，宋殇公与他去较量，自然讨不到什么好处。宋国对郑国的战争，大多数以战败而告终，这严重损害了爵为"上公"的宋国的颜面，让宋国文武百官和底层民众们的"玻璃心"碎了一地。同时，战争带来的十室九空、钱粮断绝，更是朝野上下实实在在的切肤之痛。可以想象，宋国上下早已为此怨声载道。另一方面，这也为华督上下其手，兜售其奸提供了条件。

在当时，孔父嘉为大司马，华督为太宰，一文一武，为宋殇公的左膀右臂。本来孔、华两人对这种局面都应该负有责任，该"各打五十大板"。然而，华督老谋深算，散布流言蜚语，不仅将自己装扮成完全无辜的样子，洗得干干净净，还把责任都推给了孔父嘉一个人，宣扬说都是孔父嘉大司马蛊惑君王穷兵黩武，祸国殃民，大家现在才这么困顿难安。孔父嘉就这样成了唯一的"背锅侠"，无端承受着一切天怒人怨。

华督的操作为自己赢得了政治上的主动，但是，假若没有一个美女的出现，他还真找不到直接动手的完美机会。毕竟孔父嘉身为大司马，拥有军权，又深得宋殇公的信任与倚重，与之决裂，华督并无绝对取胜的把握，动手之前也难免投鼠忌器、患得患失。好巧不巧，有一天，华督在路上邂逅了孔父嘉的妻子。孔父嘉之妻有闭月羞花之容，沉鱼落雁之貌，其美不可方物，华督完全被震撼了，灵魂出窍，神不守舍。《左传·桓公元年》非常生动地描述了当时的情景，"目逆而送之"，美女走来时，他眼睛发光，直勾勾地盯着，仪态全失；美女走远时，他仍傻乎乎瞪着，大脑一片空白，还意犹未尽地连声嗫嚅道："美而艳！"

知道有如此美貌的女子是孔父嘉的妻子，华督再也控制不住内心的欲望了。此时此刻，前面即使是刀山火海、万丈深渊，他都顾不得了，诚所谓"色胆包天"。孔父嘉美貌妻子的出现，成了华督发动政变、大开杀戒的直接诱因和关键契机，"宋督攻孔氏，杀孔父而取其妻"（《左传·桓公二年》）。这次激情谋杀，华督一击而中，既杀死政治上的主要对手，又抱得美女归家。

孔父嘉是宋殇公的心腹股肱，他的丧命，震动了整个朝廷。宋殇公见华督未经自己的允许，擅自杀掉自己的顾命大臣，禁不住火冒三丈，就打算将华督绳之以法，以儆效尤！可是这时候的华督早已杀红了眼，恶向胆边生，干脆一不做二不休，直接杀入宫内，将宋殇公也一并斩杀。今天看这桩血案，似乎有点莫名其妙，只是宋国内部大臣间权斗倾轧的一丝余波，居然就在稀里糊涂之中，让国君本人也成了"次生灾害"的牺牲品。

尽管宋殇公有百般不是，孔父嘉也有种种过错，但是，华督这样为了夺取他人的美貌妻子而不惜喋血宫廷，弑君主、杀同僚，怎么说也是严重的犯罪。就连《左传》的作者也忍不住对他予以严厉的斥责："君子以督为有无君之心，而后动于恶"（《左传·桓公二年》），应当受到必要的惩罚。然而令人惊诧的是，华督居然不仅平安无事，还坐收渔利，继续当他的太宰，优哉游哉地过了近三十年的逍遥自在日子。不能不佩服他政治手腕的老辣成熟，危机公关能力的炉火纯青。

事实上，深谙国内舆情的华督，早在动手杀人之前就做了足够的铺垫，把对外战争失败，经济崩盘、民不聊生的局面归咎于宋殇公的昏庸与荒唐决策，以及大司马孔父嘉的逢君之恶、助纣为虐。于是，朝廷上下对他们的丧命并不同情，甚至暗暗称快。其实对普通民众来说，除了对民生的态度外，谁当国君、给谁纳税都无所谓。所以华督的所作所为，对他们来说，至多就是茶余饭后的谈资而已。

而在诸侯列国那边，华督的功夫更是下得恰到好处。当时的形势是齐国、鲁国、郑国三驾马车鼎足而立，操纵大局。宋殇公在位期间，与这三巨头龃龉不已，甚至兵戎相见，所以，他的暴死得不到大国的同情，只会给齐、鲁、郑及其附属国们带去如释重负的快意。

为了争取三驾马车的认可和支持，华督不惜下血本对他们进行贿赂收买，而且针对各国的不同国情，有侧重、有特色地加以处理。对齐国，华督放低身段，主动跟齐僖公结成战略同盟；在这个同盟关系中，宋国又心甘情愿地奉齐国为盟主，自己做小弟、做跟班。齐、宋并不接壤，两国之间没有直接的利益冲突，齐僖公当然很满意这样的结果，于是，齐国就这样被轻而易举地搞掂。

"周礼尽在于鲁"，鲁国在当时以周代礼乐文明的传承者自居，最在乎"礼仪"的颜面。根据这个特点，华督有针对性地进行贿赂收买：他把宋国太庙里的一尊大鼎（"郜鼎"）赠送给了鲁国。鼎作为祭祀用礼器，象征着神圣性与合法性。鲁国得到它，虚荣心得到极大的满足，当然非常开心，对宋国的举动欣赏有加，乐意为宋国新的政治秩序背书。于是乎，投其所好的华督又顺顺利利说服了鲁国。

如果说，华督和齐、鲁两国玩的是虚的，那么，他对郑国的收买则完全是实打实的。郑庄公老奸巨猾，非常务实，在处理对外事务时"不见兔子不撒鹰"，跟他玩心眼可没门儿。华督对此心知肚明，于是，就拿出实在的东西与郑庄公进行利益交换。华督的做法是，扶植起一个亲郑的宋国新政权，即把流亡在郑国多年的公子冯恭恭敬敬迎回宋国，立为国君，是为宋庄公。这意味着宋国日后会亲近郑国，襄助郑国，放弃与郑国的争霸。这么做，当然深得郑庄公的欢心，郑庄公毫不吝啬地称赞了宋国新的政治开局。而立宋庄公为君，对华督本人十分有利：既然宋庄公是他华督拥立的，就不至于在日后追究自己的弑君之罪。

"已杀孔父而弑殇公，召庄公于郑而立之，以亲郑。以郜大鼎赂公，齐、陈、郑皆有赂，故遂相宋公。"（《左传·桓公二年》）

华督的危机公关效率的确是惊人的，非常有成效。这种高明的政治艺术使得他的夺美、杀僚、弑君等恶行得以完美洗白，将他自己打造成了残酷政治斗争中的幸运儿。

但是，老天不曾饶过谁。到了公元前682年的宋国南宫长万之乱爆发时，华督还是逃脱不了上天的惩罚，死在了南宫长万的屠刀之下，"（南宫长万）遇大宰督于东宫之西，又杀之"（《左传·庄公十二年》）。二十八年前欠下的血债，最终还是得用鲜血来偿还。这是天数，也是宿命。

棋逢对手：季梁与斗伯比的博弈

春秋时期，楚国全面崛起，奉行丛林法则，在江汉流域左右开弓，拳打脚踢，不断蚕食和兼并自己周遭的诸侯小国，将其土地和人民一一攫为己有。所谓"汉阳诸姬，楚实尽之"（《左传·僖公二十八年》），此言不虚。在楚武王、楚文王在位期间，这个过程进行得尤其迅猛，罗、江、邓、黄等一众小国孤邦，纷纷沦陷易帜，成为楚国一长串胜利记录上的名字。这也是楚国日后北进中原，与天下"老大哥"晋国竞逐霸主地位的底气和资本。

当然，楚国的这番闹腾，并不总是一帆风顺、要啥有啥的；它也会面临挑战、遭遇挫折，甚至不得不进行妥协。楚武王数次率师攻打随国，行动进展未能尽如人意，就是这方面的一个例子。之所以会出现这种情况，是因为当时的楚国君臣不幸遇上了一位难缠的对手：随国大臣季梁。这位季梁，让楚武王君臣亲身领教了小国也有大材的道理，也在一定程度上与其分享了棋逢对手、将遇良才的斗争快感。当然，楚国最后还是赢了，但并不是在战略智慧、战略运筹和战略实施等方面压倒了季梁，而是利用了随国国君和其他大臣的糊涂和昏聩。这再次证明了一个颠扑不破的道理：不怕神一样的对手，就怕猪一般的队友。

楚武王雄心勃勃，壮志凌云。在任上，他一直都想干掉随国，可是始终未能如愿以偿——随国柱石一般的人物季梁，正是楚武王实现伟大的"楚国梦"最大的障碍。

公元前706年，楚武王统率雄师劲旅，浩浩荡荡杀向随国。这是他的第一次攻随之战。楚国大军开进到瑕地（今湖北随州市境内）时，临时驻扎下来，楚武王深谙文武并用、双管齐下的道理，以战促谈，以谈辅战，派出薳章去同随国进行谈判。这实际上是兵临城下，逼迫随国服软认输，订立耻辱的不平等条约，所谓"不战而屈人之兵"。与之接洽的，是一个深受随国国君信任的官员，少师董成，他随同薳章来到楚军大营，进一步细化谈判的相关内容和各种细节。

这时候，楚国方面唯一可以同季梁掰手腕、一决高下的人物闪亮登场了，这就是楚国显赫的斗氏家族中的代表人物斗伯比。他给楚武王分析了楚国所面对的战略形势，并在这基础上，提出了把握主动权，达成战略目标的具体建议。他说，我们之所以无法在汉东地区畅行无忌，为所欲为，还得往自己身上找原因。我们整天耀武扬威，向各个小国收保护费，导致他们出于恐惧而抱团取暖，联合在一起抗衡我们，难以离间和分化。而汉东诸国中，随国是龙头老大，倘若随国自我膨胀，目空一切，那么，一定会视自己的那伙小兄弟如无物，冷落他们。那些小国伤心之余，自然对随国深度失望，背离而去，另觅出路。这对楚国来说，乃是大大的利好。现在这样的机会来了，前来出使我方的少师是个自以为是、骄傲自大之人，我们可以故意弄点老弱残兵做做样子，给他造成一种楚军弱不禁风、不堪一击的错觉，从而让他放松戒备之心，回去后向随国最高决策者传递错误的信息，使其上当受骗，自取败亡。

"吾不得志于汉东也，我则使然。我张吾三军而被吾甲兵，以武临之，彼则惧而协以谋我，故难间也。汉东之国，随为大。随张，必弃小国。小国离，楚之利也。少师侈，请羸师以张之。"（《左传·桓公六年》）

楚国大夫熊率且比也是明白人，虽然认同斗伯比的思路，但是，他认为要瞒天过海，骗过随国的高人季梁，可不是件容易的事情，不宜一厢情愿："季梁在，何益？"（《左传·桓公六年》）斗伯比继续对楚武王说，这是为了长远的打算。随国国君特别信任少师，对他言听计从；季梁虽高明，他的话国君不听，那还不是白说！于是，楚武王采纳了斗伯比的建议，让军队演戏，装出虚弱不堪的模样，再大开营门，迎接随国使臣少师入营。

少师办完公务回都城后，向随君报告说，楚军都是刀俎上的鱼肉，打他们无须商量。随侯果如斗伯比所料，信以为真，准备同楚军开战。季梁一看事情要糟，赶忙进言谏阻，说道："如今上天正眷顾楚国，楚国赶上了时来天地皆同力的好时候。楚军羸弱，那是假象，目的是想引诱我们进入他们预设的圈套。主上您何必如此急迫，前去自投罗网呢？我听说，小国之所以能够与大国相抗衡，是因为小国清明有道而大国荒淫无道。所谓'道'，指的是公正无私、尽心竭力为民众办事，以此来取信于神。统治者想着如何恪尽职守，让民众有获得感，这是忠。史官在祭祀和记录历史之时能够心存敬畏，秉笔直书，这是信。当下许多民众的温饱问题尚未解决，但是国君您却在纵情声色，肆意享受，史官在祭祀时一本正经朗读的祭文内容都是一些假话。我真的不知道，凭什么您会觉得我们胜券在握呢？我们哪里有这样的底气啊！"

"天方授楚，楚之赢，其诱我也。君何急焉？臣闻小之能敌大也，小道大淫。所谓道，忠于民而信于神也。上思利民，忠也。祝史正辞，信也。今民馁而君逞欲，祝史矫举以祭，臣不知其可也！"（《左传·桓公六年》）

随君心里不服，振振有词地替自己辩护，意思就是一个，自己在"信"的方面已经做得很可以了："吾牲牷肥腯，粢盛丰备，何则不信？"（《左传·桓公六年》）我祭祀时，所用的牲畜都很肥壮，准备的谷物也都丰盛齐备，怎么不诚信？季梁不卑不亢，反驳了随君的强词夺理，告诫随君，民为本，神为末，宽仁爱民才是最重要的，切不可本末倒置。只有公正勤政，爱民如子，才能使民众团结一致、神明降下福祉。届时，一切成功都是水到渠成。可如今民众离心离德，鬼神因此而缺乏依附，如此，怎么能期待神明的保佑呢？主上您还是该从基础做起，勤政爱民，同时亲近和团结姬姓的兄弟之国，这样，或许还能免除我们随国的灾祸。

"夫民，神之主也。是以圣王先成民而后致力于神。……于是乎民和而神降之福，故动则有成。今民各有心，而鬼神乏主，君虽独丰，其何福之有？君姑修政，而亲兄弟之国，庶免于难！"（《左传·桓公六年》）

季梁这番话说得声情并茂，情真意切，随侯再蠢，也不能不有所触动，开始为自己的身家、性命、前途而担忧。悚然恐惧之下，随侯开始实行善政。楚国耳目与眼线甚多，随国的动态随时在其掌握之中，消息很快就被这些间谍反馈到楚武王那里，他不敢一意孤行继续攻打随国，只好悻悻然放弃了原先的计划。楚国的第一次攻随之战，就此无疾而终。

在这场未遂战争中，楚国的栋梁斗伯比和随国的柱石季梁第一次隔空过招。两人之间的博弈，其实就是控制与反控制的较量。他们都是一等一的高手，能清楚地看到对手的优势和软肋之所在，继而算无遗策，指挥若定。所幸的是，随国的国君在最后关头听取了季梁的建议，使他有了将自己的战略构思付诸实施的机会。俗话说，有无用武之地，是英雄是否成功的关键，随君的虚心纳谏，就是季梁发挥自己才干的"地"，正所谓"好风凭借力，送我上青云"。正是凭借国君的知人善任、及时纳谏，让季梁在这一次双雄对决中暂时占了上风，让斗伯比功败垂成，铩羽而归。

不过，未出两年，剧情反转了。两人又进行了一场战略博弈，而这一回的双雄对决，则是斗伯比时来运转，轻松胜出，开创了楚国历史发展的新纪元。

自公元前706年伐随之役失败以来，这口气，楚武王和其大臣都无法咽下去，他们朝思暮想，处心积虑，一直等待着卷土重来、转败为胜的机会。而随国方面，自从楚军撤退后，其国君放松下来，继而故态复萌，远贤人，亲小人，继续对少师宠信有加。随国的内外交困局面又随之降临了。斗伯比敏锐地捕捉到这个千载难逢的战机，向楚武王进言道，现在攻打随国的时机成熟了，他们内部矛盾重重，这样的空子要抓住，千万不可放过！"可矣。仇有衅，不可失也。"（《左传·桓公八年》）

公元前704年，楚武王召集一众诸侯国在沈鹿（今湖北钟祥市东）举行盟会，随国国君不愿意被人招之即来挥之即去，就和黄国国君一起有意缺席。这可惹恼了楚武王，他正愁找不到借口攻打随国呢，现在机会自己送上门来了，岂有放过之理！于是，在派遣大夫薳章到黄国问罪声讨的同时，楚武王自己统率大军出征随国，楚国第二次伐随之役就此拉开了帷幕。

楚强随弱，季梁见楚军来势汹汹，就劝说随君说，好汉不吃眼前亏。咱们姑且先认个尿，服个软，向楚国道个歉。虽然我估计楚国恐怕不吃这一套；可若是先占了理，战争一旦爆发，我方将士退无可退，必定群情激昂，士气高涨，方敢与敌人殊死搏斗，是谓哀兵必胜！而楚军看我方畏葸惧战，未战先认尿，就不免麻痹大意，松懈斗志，使我们得以有隙可乘。随君的宠臣少师却不以为然，一力主张直接对着干："楚国的水平我知道，并不怎么样！要是晚了，他们就跑了。"

随国国君并没有明智的头脑和判断力，这次他采纳了少师的建议，摆出堂堂之阵与楚军展开会战。季梁深知与楚军正面交锋的危险性，为了让随军避免失败的命运，他殚精竭虑，做了最后的努力。季梁向随君进言道：楚人以左为尊，楚军的精锐在其左翼，楚王必然也在那里，我们不要和他们正面硬刚，应该采取攻击他们右翼的策略，那边没有厉害的将领，这是他们的薄弱环节，我们能赢。一旦敌人的右翼乱了，那么牵一发而动全身，敌人自然也就败退了。"楚人上左，君必左，无与王遇。且攻其右。右无良焉，必败。偏败，众乃携矣。"（《左传·桓公八年》）可这个建议又遭到少师的硬怼：不去和楚王正面厮杀，这不是自我降低身份？太差劲了，"不当王，非敌也"（《左传·桓公八年》）。

昏庸的随君听了双方的陈词，立场完全倒向少师一边，很干脆地拒绝了季梁的意见，"弗从"。楚、随两军在速杞（今湖北广水市境）一带展开交锋，战争的结果，是随军丢盔弃甲，一败涂地。随君侥幸逃脱，其乘坐的战车为楚军将领斗丹所缴获，而那个目空一切、趾高气扬的少师，也灰溜溜地成了楚军的俘虏。"战于速杞。随师败绩。随侯逸。斗丹获其戎车，与其戎右少师。"（《左传·桓公八年》）

该年秋天，元气大伤的随国不得不服软，主动向楚国求和。楚武王本来想加以拒绝。斗伯比规劝楚武王说，不宜拒绝随国的请求，而应该答应下来。因为上天已帮助随国除去了祸患，那个少师再也无法在随国政坛上呼风唤雨了，而富有韬略的季梁却还在，这样的随国，可不是能轻易打败的，楚武王觉得斗伯比所言在理，于是便与随国签订盟约，而后凯旋。楚武王的第二次伐随之役就此以胜利告终。

楚国第二次伐随，也是季梁和斗伯比两大高手之间的再次过招。这一次，命运之神再也没有眷顾季梁，随军败了，这并不是季梁本人不努力，而是随国的最高决策者受夸夸其谈的少师蛊惑，拒绝了他的正确建议，使得他英雄无用武之地，一筹莫展，眼睁睁看着随军陷入绝境，走向失败。这一点，他的对手斗伯比也心知肚明，所以，当金玉其外、败絮其中的少师成了楚军的俘虏后，他忍不住要感叹老天爷帮随国绝处逢生。由此可见，这两大高手，虽然是各为其主，在战场上不死不休，但是内心深处，却多少有些惺惺相惜。只有真正厉害的人，才能知彼知己，精准判定彼此之间的水平和境界，才会真正互相尊重、互相欣赏。

当然，在君主制度之下，哪怕你位极人臣，如果得不到君主无保留的信任，那么才华的施展，事业的成就，也是难以达成的。随国季梁的遭遇，就是一个例证。

骄傲使人落后：屈瑕之死

一个人，在逆境中咬紧牙关，坚持奋斗固属不易；但是，能在顺境中保持清醒的头脑，朝乾夕惕，戒骄戒躁，避免盛极而衰，更加难得。纵观历史，我们能看到，不论个人、团体，还是军队、国家，但凡出问题、招败亡，往往在顺境而非逆境，因为面对高歌猛进、胜利归来的大好局面，如果缺乏战略上的定力，就很有可能会让胜利冲昏头脑，忘乎所以，骄傲自满，结果物极必反，从云端跌落到谷底。

春秋前期楚国政坛上举足轻重的大人物屈瑕的人生败笔，就是因胜而骄，忘乎所以，是"夫惟无虑而易敌者，必擒于人"[1]（《孙子兵法·行军篇》）的一个典型。

屈瑕，是楚国"根红苗正"、地位显赫的宗室重臣，芈姓，为楚武王之弟、战国时期楚国大诗人屈原的祖先，春秋前期被分封于屈邑，以邑为氏，遂成为屈氏家族的开山之祖。他在楚国的地位可谓一人（楚王）之下，万人之上，官拜"莫敖"（当

---

① 意思是那种既无深谋远虑而又狂妄轻敌的人，一定会被敌人所俘虏。

时相当于宰相）。由于春秋时期军令系统尚处于文武不分职的状态，他同时也扮演着大司马的角色。很显然，屈瑕是楚国内政外交的最高操持者，深得楚武王的信任，被授权主持并处理国内外的重大军政事务，位尊权重，炙手可热。正因为屈瑕具有这样特殊的身份，他的一举一动，都直接关系到楚国国家根本利益的得失，这正如孙子所说的："故知兵之将，生民之司命，国家安危之主也。"（《孙子兵法·作战篇》）

屈瑕既然身居高位，在楚国早期开疆拓土的大业中，自然不能缺席。事实上，楚武王在位期间，他统率楚国大军南征北伐，东攻西讨，可以说是无役不预。据现有的史料看，屈瑕作为统率全权指挥战事，始于公元前 701 年的蒲骚之战。是年，楚武王任命屈瑕为帅，率军向汉水之东进发，准备与贰、轸两国结交会盟。贰、轸两国的邻国郧国，对楚国的这一战略动态深感忧虑，认为楚国这么做，等于是将其势力揳入贰、轸之间，对郧国的生存构成极大的威胁。与其坐以待毙，不若先发制人。于是，郧国策动随、绞、州、蓼诸国联手抗击楚国。随、绞等国都知道楚国惹不起，所以对郧国虚与委蛇，不敢玩真的，只做个样子。郧国方面急不可耐，只好自己单干，将军队布防于郧国国都郊外的蒲骚（今湖北应城市）。

屈瑕收到的情报，是郧国已经和随、绞、州、蓼诸国联手，这个错误的信息，让他深感不安，"莫敖患之"（《左传·桓公十一年》）。至此，他性格上的缺陷暴露无遗，变得瞻前顾后，投鼠忌器，在决策上举棋不定，畏首畏尾。副帅斗廉对主帅的表现很不以为然，向屈瑕透彻地分析了敌我双方的情势，认为敌不足惧：郧国的军队驻扎在国都郊外，一定戒备松懈，而且始终在盼望随、绞等四国前来援助，斗志不坚，楚军应该主动对郧军发起攻击，赢得胜利。我方应该针对这个态势进行部署：请主师您带领主力屯驻在郊郢，以阻止随、绞等四国的增援；同时，由我率领一部分精锐部队趁着夜色对郧军发起猛烈的攻击。可以预见，郧军把希望寄托在随、绞等四国的身上，又仰仗着有坚城为后盾，一定没有死战的斗志，在我军的打击下，肯定会溃不成军。郧军一败，其他四国也必然闻风丧胆，不战而退。

"郧人军其郊，必不诫，且日虞四邑之至也。君次于郊郢，以御四邑，我以锐师宵加于郧。郧有虞心而恃其城，莫有斗志。若败郧师，四邑必离！"（《左传·桓公十一年》）

屈瑕虽认为斗廉的分析在理，但还是小心翼翼，不愿意当机立断、大胆拍板，认为应该向国君提出增兵的请求，多多益善，以策万全，"盍请济师于王？"（《左传·桓公十一年》），斗廉觉得这是画蛇添足，军队取胜在齐心协力不在于人多，因此奉劝主师打消这个念头："师克在和，不在众。商、周之不敌，君之所闻也。成军以出，又何济焉？"（《左传·桓公十一年》）屈瑕还不甘心，说：那么咱们是不是应该占卜预测一下呢，看看神灵有什么指点？斗廉按捺住自己的性子，恳请屈瑕不要再节外生枝，无事生非了：占卜是为了犹疑不决的事，没什么疑虑，何必占卜！

　　战争的进程的确如同斗廉所料，以楚军大获全胜而告终，其结果可谓是毫无悬念，"遂败郧师于蒲骚"（《左传·桓公十一年》）。随着是役的结束，楚军和贰、轸两国举行了盟会，顺利实现了这次行动的战略初衷，风光班师回朝。

　　实事求是地讲，楚军在蒲骚一役中赢得胜利，功劳是副帅斗廉的。屈瑕在战争过程中的表现，其实乏善可陈，甚至堪称无足轻重。但是，谁让他是主帅呢？打了胜仗，都归功于他的英明指挥；丰功伟绩，都记在身为主帅的他名下。屈瑕因此骄傲起来，真的以为是自己的英明神武，指挥若定，才成就了楚军的大捷，毫不犹豫地将这场胜仗揽为自我标榜的资本。

　　当然，经过蒲骚之战的磨炼，屈瑕的军事才干还是有所提升的。这一点，在次年（公元前700年）楚军攻打绞国一役中有所表现。是役，屈瑕依然担任楚军的总司令，统率大军一路猛进，直抵绞国都城的南门，"楚伐绞，军其南门"（《左传·桓公十二年》）。士别三日，当刮目相看。在接下来的战略运筹和部署中，屈瑕的军事能力似乎已突飞猛进，他对绞国方面弱点的捕捉，可谓是洞若观火，十分准确：绞国实力单薄可又轻佻自大，这决定了其少智寡谋，无韬略可言，"绞小而轻，轻则寡谋"，而据此所制定的对策，也是直击要害，即后勤人员打草砍柴时，不要派遣武装人员加以警戒保护，以此来引诱绞军放松警惕，进入楚军预设的圈套。他的这一计谋果然立竿见影，绞军轻轻松松一下子捕获敌人三十名，觉得楚军没什么了不得的，就完全放松了戒备，第二天，再看到楚国的后勤保障人员打草砍柴，便蜂拥而出，追逐捕捉。屈瑕已预先派兵控制绞都的北门，同时部署重兵埋伏在山下，一见绞军轻率出动，就伏兵四起，杀对手一个猝不及防。绞军大败亏输，不得已只能屈膝投降，订立耻辱的"城下之盟"。楚军凯旋，扬威汉水流域。"楚人坐其北门，而覆诸山下。大败之。为城下之盟而还。"(《左传·桓公十二年》)

这一仗，屈瑕亲自指挥，大获全胜。平允地说，其战略分析和作战指导是卓越高明可圈可点的。屈瑕本人皇皇伟业的建树，也从此真正进入了平坦的快车道。但是，"福兮祸之所伏"，伐绞之胜，对屈瑕而言，在某种程度上来说，也不是幸事而是灾祸。在胜利面前，屈瑕的自信心日益增长，他一改往日的小心谨慎，而变得趾高气扬，顾盼自雄，浑然不知此时此刻事业上的顺境，其实恰恰为他未来遭遇滑铁卢埋下了伏笔。

谢幕的这一天，很快就来临了。

春秋时期，诸侯林立，当甲乙双方交战时，不乏第三者横插一脚，妄想坐收渔人之利。浑水摸鱼，趁火打劫，乃是一种常态。楚国现在就遭遇了这种情况：在其轰轰烈烈投入伐绞之役时，罗国曾经派遣间谍侦察军情，刺探虚实，盘算着是否有乘虚而入，大捞一票的天赐良机。"伐绞之役，楚师分涉于彭，罗人欲伐之，使伯嘉谍之，三巡数之。"(《左传·桓公十二年》)事虽不成，但罗国的行径，很快被楚国侦知，在楚国君臣的眼里，罗国实在太嚣张，太癫狂，无法容忍。面对罗国恶劣的挑衅之举，楚国誓要加以报复，从而明明白白告诉天下之人，在太岁头上动土，将会受到什么样的惩罚和报应。因此，在讨伐绞国奏捷凯旋后的下一年，楚武王下令全军出动，征伐罗国。这次行动，屈瑕依然出任楚军的统帅。

此时的屈瑕，可再也不是两年前的菜鸟了，蒲骚之役，让他开了眼界，长了见识；而伐绞之役，让他尝到了甜头，增强了自信。所以，他觉得自己再也不用小心翼翼，低调谨慎，而可以睥睨天下，挥斥方遒了。屈瑕目空一切的气场与势头，恐怕是一种昭示败亡的征兆。很多有识之士看在眼里忧在心上，例如老臣斗伯比为屈瑕出征送行时，观察到屈瑕脸上满是骄矜之色，举止行为张狂不羁，不禁忧心忡忡，哀叹："莫敖必败。举趾高，心不固也！"（《左传·桓公十三年》）又如，楚武王的夫人邓曼，听出了武王所转告的斗伯比之言的弦外之音，认为这时候的屈瑕自我膨胀，必然刚愎自用，独断专行，这是非常危险的，因为他必定会轻视对手，从而导致不测之祸。基于这个判断，邓曼建议楚武王马上派人给屈瑕传达王旨，提醒他保持谨慎，提高警惕，重视戒备和防范，并警告屈瑕，如果因骄傲自大而导致军事失败，就会受到王法的制裁，绝无幸免。"莫敖狃于蒲骚之役，将自用也，必小罗。君若不镇抚，其不设备乎！……见莫敖而告诸天之不假易也。"（《左传·桓公十三年》）楚武王认同夫人的见解，马上派人去向屈瑕传达对罗之战需谨慎从事，切不可轻举妄动的王命。遗憾的是，使者晚了一步，未能追上屈瑕统率的楚国大军，这样一来，最后一个预防灾难发生的机会，也不幸被屈瑕错过了。

此时此刻，屈瑕身上再也没有丝毫谦虚谨慎的意识，所有的只是唯我独尊的心态。为了防止他人给自己提意见、给建议，他向全军上下发布命令，谁也不准向他进谏建言，违者刀斧伺候，"莫敖使徇于师曰：谏者有刑！"（《左传·桓公十三年》）为了尽快拿下罗国都城，屈瑕命令全军火速开进。到了鄢水，他让军队不顾队列次序，在一片混乱中仓促渡河，结果导致楚军在渡过鄢水之后，已毫无队列和秩序可言了。与此同时，屈瑕还不设必要的警戒以保护部队的安全，行近罗国都城时，楚军突然遭遇到以逸待劳的罗军及其同盟者卢戎军的南北夹击。队列混乱、士气低落的楚军兵败如山倒，被杀得丢盔弃甲。屈瑕智穷力竭，计无所出，不复有抵抗的意志，一路狂奔逃跑，最后穷途末路，只好自我了断。"及罗，罗与卢戎两军之，大败之。莫敖缢于荒谷。"（《左传·桓公十三年》）

从胆怯畏战，到轻敌自大以至于葬送性命，屈瑕这段跌宕起伏的人生之路，也仅仅只有前后三年的时间而已。看来造就一个政治家和军事家难如登天，但要毁掉一个政治家或军事家却是易如反掌。对一个人来说，人生中最高光的那一刻，其实也往往潜藏着最大的危险。当屈瑕于绞都城下巧使计谋，大破绞师，立下赫赫功勋之时，他哪里能够想到一年后自己会落得一个陈尸荒野的悲惨下场？不过，偶然中寓有必然性，一切因果其实还是有迹可寻的，只是屈瑕活了一辈子，也没有真正明白这些道理："敖不可长，欲不可从，志不可满，乐不可极。"

棠棣之花：感人肺腑的手足之情

《诗·小雅·常棣》："棠棣之华，鄂不韡韡。凡今之人，莫如兄弟！"

套用英国大作家狄更斯的话说，春秋，"是最坏的一个时代，同时也是最好的一个时代"。说它最坏，是人性的丑陋与凶残暴露无遗、满目皆是，翻看《左传》《国语》，君臣喋血、父子仇杀、兄弟相残、夫妇反目的血雨腥风扑面而来，人性的底线被无休无止地击穿，道德的规则被肆无忌惮地践踏。说它最好，是在这样恶劣的环境之中，还是有人坚守住做人的根本立场，没有沉沦为禽兽，甚至不惜以自己的鲜血与生命来证明"人"的价值和人性的底线，带给这个世界以永恒的希望。

《左传·桓公十六年》所追叙的卫宣公二子手足情深，大义凛然，争相赴死的故事，是那样的荡气回肠，震古烁今，它让我们看到了人性圣洁光芒的闪耀，让我们感受到高贵人格的永恒魅力！

春秋前期卫国国君卫宣公，是一个荒淫无道、邪恶可憎的人渣。在卫宣公的斑斑劣迹中，给人留下最为深刻的印象的，也许是他的雄性荷尔蒙特别旺盛，对异性的追逐与贪婪永无止境。身为一国之君，多欲好色，本来也不算是什么太严重的罪过，但卫宣公的问题是，他的脑袋里根本没有任何伦理上的禁忌与底线，所作所为完全听凭原始欲望的驱使，一句话，就是色胆包天，为所欲为。

早在做储君期间，卫宣公就敢和父亲卫庄公的如夫人（自己的庶母）夷姜有一腿，甚至如胶似漆，打得火热。"初，卫宣公烝于夷姜。"（《左传·桓公十六年》）两人厮混的结果，是生下一个儿子：急子（急，《史记》中作"伋"）。可怜的卫庄公，完全被蒙在鼓里，连儿子给自己戴了绿帽子都浑然不觉。

正式登上国君宝座之后，卫宣公就迫不及待地将自己与庶母夷姜的不伦之恋合法化，把夷姜立为自己的夫人。他们的私生子急子，身份也得以堂而皇之地公开，成了名正言顺的太子。卫宣公还任命宗室大佬右公子职来负责太子急的教育和培养。

随着太子急年龄渐长，卫宣公替他迎娶齐国公室之女宣姜为太子妃，"为之娶于齐"（《左传·桓公十六年》）。当宣姜到了卫国后，卫宣公却忽然临时变卦，不为别的，就因为宣姜实在太美了，风姿绰约，让人魂不守舍。卫宣公这个老色鬼面对这样的美人，如何还能把持得住？如何还会有伦理底线？他干脆一不做，二不休，直接宣布原先为太子急娶宣姜的安排统统作废，而由自己老牛吃嫩草，笑纳这宛若天仙的大美女，《左传·桓公十六年》说"而美，公取之"，寥寥五个字，活画出卫宣公荒淫无耻、横刀夺爱的好色嘴脸。

这时候的夷姜年事已高，已进入美人迟暮的阶段，哪里还有资本与年轻美貌的宣姜在卫宣公面前争宠？夷姜是一个非常独特的女子，当年与庶子卫宣公私通，敢作敢为，搞得轰轰烈烈，无所顾忌；如今被扫荡出局，她也不愿苟且偷生，以泪洗面。于是她选择了一个十分决绝的做法：自杀身死，与卫宣公彻底了断两人之间的那段孽缘。如此一来，太子急突然间失去了母亲这个依靠，政治上的地位随之岌岌可危。

宣姜则"三千宠爱在一身"，肚子也很争气，先后替卫宣公生下两个儿子：公子寿和公子朔。卫宣公自然非常开心，开始重点培养为长的公子寿，让宗室另一位大佬左公子洩来负责对公子寿的教育，"属寿于左公子"（《左传·桓公十六年》）。宣姜不但漂亮，而且也极富心机，手段狠辣，此时此刻的她，念兹在兹的，是如何将太子急从储君的位置上扳倒，由自己的儿子取而代之。

在巨大利益的诱惑面前，人品的高下优劣就呈现了出来。按理说，公子寿为长，在换储的变乱中，他拥有优先上位的有利地位，理应更热衷于此才对。可事实上，他对夺嫡兴致缺缺，未曾参与其事。真正有心陷害太子急的，是他的生母宣姜和弟弟公子朔。宣姜与公子朔设计陷害太子急，他们的阴谋奏效了，荒淫无道又昏庸颟顸的卫宣公轻易听信了宣姜与公子朔的谗言，决定对太子急痛下杀手。常言道，虎毒不食子。可卫宣公恰恰相反，他是"虎毒偏食子"，全然不念往昔的父子之情，居然要置自己的亲生儿子于死地。

卫宣公的操作可谓阴狠下作。他不想弄脏自己的手，试图借刀杀人，借强盗之手来取太子急的性命。为此，他精心策划和布置了一盘大棋，一方面明令太子急代表卫国出使齐国，一面暗中收买一群强盗，预先埋伏在卫国前往齐国必经的莘地（齐、卫两国的交界处）。等太子急行经此地时，突然冲出，将其一刀毙命。"公使诸齐，使盗待诸莘，将杀之。"（《左传·桓公十六年》）

公子寿是宣姜的长子，卫宣公与宣姜等人在策划这盘大棋时，并没有刻意地回避他。公子寿获悉内幕后，万分焦虑，冒着危险，去见太子急，将实情和盘托出，并建议太子急保命要紧，奉劝他尽快逃跑，躲过这场血光之灾，"寿子告之，使行"（《左传·桓公十六年》）。

但是，太子急谢绝了公子寿的好意，不愿逃跑流亡。他是"一根筋"，脑袋里满是迂腐的伦理道德教条，其中之一便是"父命不可违"，"不可！曰：'弃父之命，恶用子矣？有无父之国则可也'"（《左传·桓公十六年》）。只知道"孝顺"，没一丝主见，难怪他最后会在残酷的政治倾轧中一败涂地。

公子寿对迂腐滑稽的太子急束手无策，只得使出无可奈何的下策。等到太子急从卫国动身出使齐国那一天，公子寿置办一桌酒席为太子急饯行。席间，他一杯又一杯向太子急敬酒，直到把太子急灌得烂醉如泥，沉睡不醒。这时候，公子寿带上表明太子急出使身份的旗帜（据《史记·卫世家》是"白旄"，

"与太子白旄，而告界盗，见持白旄者杀之"），先行一步向齐国进发。结果到了齐、卫边界的莘地，事先埋伏在那里的群盗一拥而上，将冒充太子急的公子寿残忍杀死。"及行，饮以酒。寿子载其旄以先，盗杀之。"（《左传·桓公十六年》）

太子急酒醒之后，明白弟弟公子寿已替自己前去送死了。于是，他急急忙忙往莘地方向赶去。到了现场，那些杀人凶手还在，太子急赶忙亮明自己的身份，对暴徒说：你们要杀的人可是我，那人是无辜的，你们杀错了。现在，我送上门来了，你们就杀了我吧！那些杀人凶手哪里会有什么恻隐之心，毫不犹豫地结果了太子急的性命。

这幕令人百感交集、唏嘘不已的兄弟情深、争相慷慨赴死的历史悲剧，在先秦两汉时期给人们的心灵带来了十分巨大的震撼。除了《左传》的记载，《史记·卫世家》等文献亦对这则故事有详尽的载录，《诗经》中的《二子乘舟》一诗，更是寄托了当时人们对太子急、公子寿不幸遭遇的深切同情与无限怀念，《毛诗序》对该诗篇的写作背景就有明确的说明："《二子乘舟》，思伋（急）、寿也。卫宣公之二子，争相为死，国人伤而思之，作是诗也。"

二子乘舟，泛泛其景。愿言思子，中心养养！

二子乘舟，泛泛其逝。愿言思子，不瑕有害？

而在两人之中，公子寿舍生忘死的义举，尤其让人震惊钦敬。如果他与太子急同父同母，他的行为，多少尚属寻常。可实际上，他是宣姜之子，与公子朔才是嫡亲的兄弟，与太子急却是同父异母，在血缘上多少隔了一层。在当时的正常情况下，他应该站在亲生母亲和亲弟弟一边，一起来对付太子急。即使他不愿蹚这趟浑水，务实的做法也是远离是非，保持中立，这样做，道德无亏，他人也无可指摘。可是，他却做出了非常人所能及的高尚选择，不惜开罪于自己的亲生母亲与弟弟（当然还包括那个十恶不赦的生父卫宣公），为自己的异母兄长太子急从容就义。这样的牺牲精神真可谓是义薄云天，这样的人生境界真可谓高山仰止。

不过，按纯粹的科学理性来分析，这段历史记载，也显得多少有一些戏剧化，一些地方似乎经不起仔细推敲，存在着一定的可供讨论与商榷的空间。例如，卫宣公要杀太子急，随便安个罪名、扣个帽子（如大逆不道、里通外国、贪污腐化等等）就可以办成，何必如此大费周折，到外地买凶杀人？又如，公子寿一而再，再而三跑到太子急处通风报信，太子急出使齐国那天又张罗酒席，隆重饯行，难道宣姜、公子朔，还有卫宣公都没有听闻到任何风声，纯粹成了灯下黑？这智商是不是太低下了！再如，强盗们杀了冒名顶替的公子寿之后，肯定以为已完成了卫宣公交办的事情，散场回家数钱分钱了，怎么可能还继续逗留在杀人现场，总不至于在那里观赏风景，然后再无意之中等来太子急自投罗网，灯蛾扑火？所有这一切，在逻辑上都是难以说得通的。

说到底，这是由《左传》（包括后来的《史记》）等早期历史学著作的属性所决定的。它是历史文学，既具有历史的属性，又富有文学的特征。文学，就允许适度的润饰，一定的夸张。换言之，它追求的是近似真实、逻辑真实，而不是所谓的绝对真实。另外，以文学化的笔触叙述某一历史事件，似乎也反映了历史典籍的作者对有关历史功能实现的理想追求。在一定程度上，作者这么做，乃是有意而为之，即在书写主体上，作者尽量向人们呈示真实的情况，以保存所谓的历史之"真"。应该说，这没有什么问题，毕竟太子急、公子寿死亡这个结局，乃是事实，无可怀疑。但是在写作的具体细节处理上，则不妨有节制地夸张，乃至虚构，把太子急、公子寿两兄弟的死亡描述成一个充满道德正义性、高尚性的"故事"，以弘扬所谓的历史之"善"，发挥历史学应有的教化、劝善之功能。毫无疑问，《左传》的作者获得了巨大的成功，达到了他所追求的目标，实现了他所想要的效果：谁人不被太子急、公子寿的兄弟情谊所深深打动？谁人不因在漫长黑夜里闪耀的人性光辉而重燃希望？

事出有因：公子忽的落寞与无奈

公元前701年，春秋时期曾一度"初霸"天下的郑国，其政坛上发生了一场重大的变故。据《左传·桓公十一年》记载，继郑庄公而立的郑昭公（公子忽），登上国君的宝座才数月（当年"五月，癸未，郑伯寤生卒"），尚未坐稳坐热，就被迫下台，仓皇出逃，流亡卫国，"秋九月丁亥，昭公奔卫"。十二天后，其弟公子突在宋国的武装加持之下，篡取大位，成为郑国新的最高统治者，是为郑厉公，"己亥，厉公立"。

郑昭公在郑国政治生活中骤起骤落，原因很多。例如，他政治上的靠山祭仲，在关键时刻抗压定力不足，在宋国君臣的刀斧面前屈膝顺从，背主保命，"（宋国）雍氏宗，有宠于宋庄公，故诱祭仲而执之。曰：'不立突，将死。'……祭仲与宋人盟，以厉公归而立之"（《左传·桓公十一年》）。在自己生命遭遇危险的关头，毫不犹豫就将自己当时鼎力"立之"的郑昭公给出卖了。

又如，抢班夺权的公子突（郑厉公）是个厉害角色，至少其军事才干之精明毋庸置疑。这一点，早在十多年前郑国抗击北戎之役中，就得到淋漓尽致的表现。公元前714年冬，"北戎侵郑，郑伯御之"（《左传·隐公九年》）。面对来势汹汹的北戎虎狼之师，久历战阵、早已习惯了腥风血雨的郑庄公也不免发怵，担忧北戎的步兵发挥机动灵活性，从侧后对郑军战车实施攻击，陷郑军于被动。可随同出征的公子突却毫不畏惧，他沉着从容地替郑庄公分析了北戎军队的作战特点，并提出了相应的郑军作战方略。公子突认为，北戎军队表面看上去很强大，但其实存在着明显的软肋与短板，这就是他们所有人都各怀鬼胎，没有团结与协作的精神。因此，他们只要在战场上获胜，就彼此争利，互不相让；一旦在作战中失利，则贪生逃窜，互不援救。"戎轻而不整，贪而无亲，胜不相让，败不相救。"（《左传·隐公九年》）

根据北戎军队的这些特点，公子突替郑庄公规划了具有针对性的具体作战方案，即让骁勇而又不在乎气节名誉的将士，对北戎军发起试探性的进攻，稍稍交锋便马上后撤；而郑军主力则预先设下多重埋伏，来应对进犯之敌，"使勇而无刚者，尝寇而速去之。君为三覆以待之。"（《左传·隐公九年》）公子突进而指出，可以预料的是，在接下来的实际战斗中，必然会出现这样的一幕：戎狄的先头部队见我方佯败，一定会轻率追击；追击过程中遭遇我方主力伏兵突起，一定会崩溃奔逃；而其后卫部队见到先锋遭遇埋伏，也必将随之逃窜，不会去策应和救援先锋部队，这样，我军便能够从容掩杀，彻底战胜北戎。"先者见获，必务进；进而遇覆，必速奔。后者不救，则无继矣。乃可以逞。"（《左传·隐公九年》）

郑庄公采纳了公子突的作战建议，果然在这场战争中大获全胜，"郑人大败戎师"（《左传·隐公九年》）。而其整个过程，更是与公子突事先所料分毫不差，若合符契："戎人之前遇覆者奔，祝聃逐之，衷戎师，前后击之，尽殪。戎师大奔。"（《左传·隐公十年》）公子突本人也因此一战成名，在郑国军民中享有崇高的威望。当时的政治生态因此而变得有点微妙了，其局面，有如后来的秦王李世民拥兵自重，对太子李建成的地位构成威胁一样。因此，哪怕公子突日后在宋国的支持下弑兄夺位，破坏嫡长子继承的礼制，也算是水到渠成，瓜熟蒂落，没怎么遭遇郑国贵族与国人的多少抵触与反对。

不过，除了这些因素之外，郑昭公错失王位，更主要的原因，在于他曾在个人婚姻问题上犯下颠覆性的错误，而且不止一次，"一之谓甚，其可再乎！"（《左传·僖公五年》）。毫无疑问，他在这方面的失算，的确是无可救药的人生败笔。在嫡长子的身份加持下，礼制规范下的天然合法性，给了郑昭公抗衡外界挑战的底气。尽管面临政治上的种种挑战，只要他不犯明显而致命的错误，也不太容易被他人见缝插针。遗憾的是，郑昭公对个人婚姻的处理太过于轻率，没有将其上升到国家政治大局的高度来考虑，结果进退维谷，一败涂地！

郑国在郑庄公的英明领导之下，于春秋前期首先崛起，小霸诸侯。由于郑国的分量明摆在那里，不论是真心实意，还是虚与委蛇，当时的主要诸侯国都热衷于和郑国交好，结成利益共同体。其中，与郑国约为"婚姻之国"，是非常重要的手段。

　　郑庄公除了太子忽之外，尚有公子突、公子亹、公子仪等子息，他们都有婚配大事，不过，由于太子忽是嫡长子继承制下的合法嗣君，前程远大，遂成为各诸侯国国君与郑国进行政治联姻的优先考虑对象。

　　在这方面，齐国表现得最为热衷。齐国自西周以来一直是雄踞东方的大国，为了国家发展的长远利益，实施"远交近攻"之策，制衡头号对手鲁国，历代齐国国君始终把"强强联合"，拉拢郑国作为战略上的重要考量。于是，齐国国君齐僖公不惜放低身段，主动向郑国示好，积极表态，愿意将公室之女文姜嫁给太子忽。"齐侯欲以文姜妻郑大子忽"（《左传·桓公六年》）。面对这样天上掉馅饼的好事，太子忽的回应却出乎所有人的意料：他居然轻描淡写地拒绝了，"大子忽辞"（《左传·桓公六年》）。这样的"神操作"，让许多人百思不得其解，太子忽怎么会随随便便，就将送上门来的这份大礼弃之若敝屣？于是，在好奇心的驱使下，有人询问其中的缘由。太子忽的回答也挺干脆：每个人都有适合自己匹配的对象。齐国太强大了，齐国公室的女子，不是我所能匹配的，我知道自己有几斤几两，这样的好事，我可消受不起。大家希望我与齐公室之女联姻，也许是认为我借此可找到大国势力做靠山；不过，人说到底总是要依靠自己，犯不着为求大国之助而牺牲自己个人的幸福。"人各有耦，齐大，非吾耦也。《诗》云：'自求多福。'在我而已，大国何为？"（《左传·桓公六年》）话说到这个地步，可见其心意已决。这桩婚姻动议，至此胎死腹中。

应该说，太子忽第一次拒婚，还有一定的合理性，因为那位文姜小姐，生性淫荡，后来嫁给鲁桓公，可没少给鲁桓公戴绿帽子，太子忽如果迎娶了这个女人，也难免给自己添堵，因此，《左传》作者对太子忽的拒婚之举还是予以肯定的："君子曰：'善自为谋。'"（《左传·桓公六年》）不过，太子忽第二次对齐国嫁女提议的拒绝，则是匪夷所思、荒腔走板了。

公元前706年，不肯消停的北戎起兵攻打齐国，齐国向郑国求援。郑国十分慷慨，毫不犹豫地答应了齐国的请求，任命太子忽为帅，统率大军增援齐国。太子忽不负重托，大破戎师，擒获北戎军队的两名主帅，俘虏其甲士数百人，奏捷凯旋。"北戎伐齐，齐使乞师于郑。郑大子忽帅师救齐。六月，大败戎师，获其二帅大良、少良，甲首三百，以献于齐。"（《左传·桓公六年》）

齐僖公见国危解除，当然是心花怒放，不胜感激。看着英姿勃发、一表人才的太子忽，他可是满心的喜欢，恨不得滴水之恩涌泉相报。在激情的驱使之下，齐僖公全然忘却了公子忽几年前拒婚带给自己的屈辱，居然又心血来潮，提议将齐公室之女婚配给太子忽，文姜不行，那就另外换一个。

但是，太子忽就像是吃了秤砣铁了心，居然再一次决绝地推辞了齐僖公的盛情美意，"固辞"。他的属下让他的言行完全搞糊涂了，面面相觑，不知道公子忽究竟想干啥，便忍不住探问缘由。太子忽胸有成竹地解释了自己辞婚的理由：我这次是受君命带兵援救齐国，帮助齐国解除北戎侵略的危机。如果接受齐君的恩赐，娶齐国公室之女而班师回朝，这在客观上，就会在大家心目中造成我假公济私的印象，人家会怎么看我的为人？"无事于齐，吾犹不敢。今以君命奔齐之急，而受室以归，是以师昏也。民其谓我何？"(《左传·桓公六年》)看来，公子忽真的是一个表里如一的方正君子，太在乎自己的个人形象了。孙子有云："廉洁，可辱也；爱民，可烦也。"正派人倘若脸皮太薄，太爱惜自己的羽毛、在乎外界的评价，往往会陷入"慕虚名而处实祸"的困境，所谓"覆军杀将，必以五危"，郑太子忽堪称其典型之一。

其实，对于政治人物，尤其是统治者来说，婚姻的本质是非常现实的利害算计和政治买卖。这一点，恩格斯在其《家庭、私有制和国家的起源》一书中曾有透彻的分析，兹不具引。太子忽与齐国公室之女结成婚姻，在当时的政治生态中是双方共赢的政治考量，当然不必考虑什么感情，也无须在乎财产资助，于郑国太子的身份地位而言只是为了赢得政治上的强援，当国内政局陷入缠斗之际时，有外来的强大势力充当坚强的后盾，既可替自己撑腰，亦能让对手投鼠忌器，乃至自动认尿，乖乖服软。

这层利害关系，太子忽的精神导师祭仲已作了精辟的阐释和善意的提醒：老君主喜欢的美女太多了，她们都生有儿子。你的这些同父异母兄弟都不是善茬，都是你上位的竞争对手，你必须迎娶齐国的公室之女；否则，没有像齐国这样强大的外援替你罩着，你想顺利继位并站稳脚跟，恐怕会是一厢情愿。"必取之。君多内宠，子无大援，将不立。三公子皆君也。"(《左传·桓公十一年》)遗憾的是，祭仲这番老成持国、苦口婆心的劝谏，太子忽并没有真正听进去，更没有引起足够的重视。到头来终于自食其果。

在春秋这个乱世里，"国际关系"背景错综复杂。决定一国政局变化的，不仅仅是其国内各种政治势力博弈的结果，更是这些势力背后的大国之间力量的较量。这些外来力量是悬在各国政坛上看不见的黑手，是真正的"幕后老板"。他们的上下其手、暗箱操作，往往在各国政局的嬗递轨迹上打上深深的烙印。

以郑昭公黯淡退场、郑厉公闪亮登台为例，如果不是宋国黑手的全力操控，事情会是这样的结局吗？而从更深处说，假如当时太子忽笑纳了齐僖公的一番美意，娶了齐国公室之女，有齐国这样的大国做后盾，还会落得上台几个月就玩完的悲剧吗？毕竟宋国再牛，还能牛得过齐国？从这个意义上说，太子忽（郑昭公）之所以在政治博弈中一落千丈，输光底牌，其根本原因就在于他不谙政治运作，自命清高，两次拒婚，将齐国的好心当作驴肝肺，将政权的可能强援拒之门外。

但太子忽是实诚之人，也是厚道之人，因此，他最后的结局也极富有戏剧性。弘一大师的绝笔"悲欣交集"，恰好能形容太子忽的个人生涯在出奔卫国之后的匪夷所思和大起大落。

一开始，是触底反弹，逆袭成功。公子突，也就是郑厉公，抢班夺权成功后，与权臣祭仲的关系便陷入了"鸟尽弓藏、兔死狗烹"的境地，"祭仲专，郑伯患之"（《左传·桓公十五年》）。这种折腾整整延续了四年之久。郑厉公决定先发制人，准备派人在宴席上刺杀祭仲，"使其婿雍纠杀之，将享诸郊"（《左传·桓公十五年》）。谁知阴谋泄露，祭仲当机立断，残酷镇压，"祭仲杀雍纠，尸诸周氏之汪"（《左传·桓公十五年》）。这样一来，幕后黑手郑厉公处境就十分尴尬了。郑厉公知道祭仲绝对不会放过自己，便"三十六计，走为上策"，夹着尾巴，逃奔蔡国，"夏，厉公出奔蔡"（《左传·桓公十五年》）。

对手的意外失败，就是自己的天赐良机。太子忽时来运转，终于走出至暗时刻，人生进入开挂的节奏，同年六月，在老部下祭仲的簇拥保护下，他从流亡地返回到郑国都城，再次即位为国君，郑昭公新时代就此拉开帷幕，"六月乙亥，昭公入"（《左传·桓公十五年》）。时在公元前697年。

不过，郑昭公虽然复辟成功，但日子过得并不舒坦。我们知道，郑厉公的背后靠山是宋国。见棋子被吃，宋国无法坐视不管，一定要滋事，给郑昭公添堵，具体做法就是纠集部分诸侯，计划出兵攻打郑国，对郑国内政进行武装干涉，想乘机让郑厉公再上位，"冬，会于袲，谋伐郑，将纳厉公也"（《左传·桓公十五年》）。事情未遂愿，"弗克而还"（《左传·桓公十五年》），就给郑厉公提供数量可观的军队，让郑厉公进据自己的旧邑——栎邑（今河南禹州市），在那里另立为王，与郑昭公分庭抗礼。这样一来。郑国也就有了两位君主，互相仇怼，形成了实际上的分裂局面。于是，郑昭公的政令难出都城，这国君当得可实在憋屈。

这种外来武装势力的干预，似乎走的是无休无止的套路。

郑昭公上台后的第二年一开春，诸侯们又在宋国的忽悠下，纠集在曹国，策划攻伐郑国的行动，"十六年春正月，会于曹，谋伐郑也"(《左传·桓公十六年》)。到了夏天，就干脆直接付诸实施，"夏，伐郑"(《左传·桓公十六年》)。这种骚扰，让郑昭公左支右绌，顾此失彼，疲于奔命。

当然，与朝廷内部血雨腥风、残酷无情的生死相搏比较起来，这些外患只能算是疥癣之疾了。导致郑昭公即太子忽最终垮台的，不是宋国及其同盟者郑厉公的明枪，而是其身边人施放的暗箭。众所周知，最危险的敌人总是来自内部、来自自己身边的骨干。

给郑昭公带来致命一击的，是郑国政坛上的实权人物高渠弥。此人的能耐可非一般：他资历很老，是郑庄公最信任的大臣之一，曾亲自在繻葛之战中辅佐郑庄公，统率郑军主力，为战胜周桓王统率的周室联军立下赫赫战功。郑庄公特别欣赏高渠弥，想拔擢他为郑国的卿士，"郑伯将以高渠弥为卿"(《左传·桓公十七年》)。当时，太子忽认为此人心术不正，是个祸害，就一再劝谏父王放弃这个安排，可是他的建议未被郑庄公所采纳，高渠弥还是如愿以偿当上了卿士，于是，两人之间的梁子算是结下了。

郑昭公于公元前697年再度上位后，不仅没有剪除这个危险人物，以绝后患，更糟糕的是还疏于防范。可是，高渠弥则以小人之心度君子之腹，始终觉得自己的生命受到威胁，想先下手为强，一劳永逸地解除危险，"昭公立，惧其杀己也"(《左传·桓公十七年》）。几年过去后，高渠弥终于逮住下手的机会，乘着陪同昭公外出打猎之时，在野外一箭射死郑昭公，时在公元前695年，"辛卯，弑昭公，而立公子亹"（《左传·桓公十七年》）。

郑昭公的坎坷人生路至此戛然而止。他因为方正、爱面子而拒婚，结果失去齐国这个强援，因此而被宋国算计，第一次丧失君位，仓皇出奔，流离失所。再次上台主政时，还是因为过于正直、对恶人疏于警惕和戒备，未能痛下杀手，使其有机可乘，而让自己命丧黄泉。由此看来，作为政治人物，老实、缺心眼、不设防，的确是一种"病"。我们在同情郑昭公遭遇的同时，也应该对其人生败笔引以为鉴，有所感悟。

无毒不丈夫：郑厉公为何能笑到最后

自古以来，君子斗不过小人的例子比比皆是。相对宽柔仁厚的郑昭公，在郑国政治内斗中输给了权臣高渠弥，黯然出局。杀死郑昭公后，高渠弥为掩人耳目，扶立郑昭公之弟公子亹为君，充当傀儡，由自己实际操控郑国的政局。

高渠弥的所作所为，即使是在礼崩乐坏的当时，也未免有点过分，突破了一般人的道德容忍底线，如鲁国大夫公子达就预见："高伯其为戮乎！复恶已甚矣！"（《左传·桓公十七年》）历史告诉我们，多行不义必自毙。在高渠弥身上，这一点也很快得到了验证：第二年的秋季，齐襄公率军进抵卫地首止（今河南睢县东南），"子亹会之，高渠弥相"（《左传·桓公十八年》），君臣两人前去凑热闹，殊不知这一去，却是自寻死路。原来齐襄公与公子亹年轻时曾经玩命斗殴，结下深仇大恨。齐襄公是一个无恶不作、睚眦必报的人渣，哪里会轻易忘却这个过节？所以，这趟子亹君臣的首止之行，是风险系数极高的冒险，但是，考虑到盘踞在栎邑的郑厉公正厉兵秣马、虎视眈眈，企图卷土重来、复辟上位这个现实，为了防止郑厉公勾结、拉拢齐襄公，将其引作外援，子亹与高渠弥只得不计前嫌，前往首止，与齐襄公会面。

结果可想而知，郑国君臣这一去，正中仇人下怀。齐襄公之恶，表演得可谓是淋漓尽致，"七月戊戌，齐人杀子亹"（《左传·桓公十八年》）。高渠弥更惨，让对方生擒活捉后，生生地遭受车裂之刑而死。俗话说，"恶人自有恶人磨"。至此，这个犯下弑君大逆之罪、在郑国权倾一时的权臣，终于惨烈地结束了自己可耻的一生。

这样一来，郑国又得重新拥立新君了。高渠弥死了，郑国政治上的实权，完全落入了三朝元老、留守大臣祭仲的手中。祭仲经历了太多政治上的大风大浪，早已熬炼得百毒不侵，老谋深算。他对郑厉公的厉害早有领教，可不敢放虎归山，养虎遗患。所以，祭仲绕开郑厉公，将流亡在陈国的郑昭公的另一个弟弟公子仪迎回郑国，拥立他为国君，让其接公子亹的班。不过，公子仪实力与能力都很有限，对占据栎邑公开抗衡自己的郑厉公无可奈何，郑国依然延续着自郑昭公以来的"双头竞逐"格局，这局面，颇类似于晋国翼城大宗与曲沃武公之间的对峙。

郑厉公与公子仪的并峙竞逐，先后延续了十四年之久。在这个过程中，郑厉公以时间换空间，渐渐完成了双方优劣态势的转换。到了公元前680年，也就是鲁庄公十四年，顾盼自雄的郑厉公认为自己的羽翼已经丰满，足以将对手赶尽杀绝，实现自己念兹在兹的复辟梦想。另外，前进道路上的最大障碍，郑国政权的顶梁柱祭仲已在两年前（公元前682年）去世，郑厉公心情大快，便痛下杀手，启动大军，进攻郑国都城。军队开进到大陵（今河南临颍巨陵）时，郑厉公俘虏了郑国的重臣傅瑕，"及大陵，获傅瑕"（《左传·庄公十四年》）。傅瑕是个软骨头，贪生怕死，马上重新选边站队，乞求活命，甚至不惜出卖主子，为虎作伥："苟舍我，吾请纳君。"（《左传·庄公十四年》）郑厉公当然不会放弃收买内应的机会，就答应了傅瑕的哀求。为了郑重其事，他们还信誓旦旦地立盟为据，以申诚意："与之盟而赦之。"（《左传·庄公十四年》）

这个傅瑕极为阴狠，在生死关头，屈服于郑厉公的死亡威胁，屈膝投降，但是，一碰上原先效忠的君主、弱势疲软的公子仪，又马上换了另一副嘴脸，穷凶极恶，残酷无情，将"君义臣忠"的道德伦理彻底抛到九霄云外，亮出屠刀，大开杀戒："六月甲子，傅瑕杀郑子及其二子，而纳厉公。"（《左传·庄公十四年》）用公子仪及其儿子颈上的人头，作为迎接郑厉公复辟的见面礼和投名状。

可是，郑厉公是一个残忍厚黑，没有任何道德底线的狠人，什么盟誓、信义，在他眼里，都可以弃之如敝屣。他的信条是：做大事者，言不必信、行不必果，可以不拘小节、不讲诚信！因此，他一入国都，复辟成功，第一件事，就是恩将仇报，推翻几天前刚立的盟誓，杀了卖主乞活的傅瑕："厉公入，遂杀傅瑕。"（《左传·庄公十四年》）而且把理由说得振振有词、大义凛然：傅瑕对国君有二心，西周就规定有惩处这类奸臣的刑罚，我现在严

肃执法，让傅瑕受罪伏诛，他是死得其所："傅瑕贰，周有常刑，既伏其罪矣！"（《左传·庄公十四年》）

春秋时期，贵族精神尚存，其中重要的表现之一，就是将"信"作为为人处事最高的伦理准则，视为最可贵的情操与道德。所谓"言必信，行必果""人而无信，不知其可也"。"信"也是协调天人关系、祈求神灵保佑的必备条件："小信未孚，神弗福也。"（《左传·庄公十年》）孔子认为，一个国家要巩固和发展，需要有三个基本要素：强大的国防，"足兵"；丰厚的经济基础，"足食"；以及政府公信力，"民信之"。如果迫不得已只能留下一个最重要的，那也唯"信"而已："自古皆有死，民无信不立！"（《论语·颜渊》）因此，孔子一再强调："言忠信，行笃敬，虽蛮貊之邦行矣；言不忠信，行不笃敬，虽州里行乎哉？"（《论语·卫灵公》）顾炎武《日知录》卷十三"周末风俗"条中所写，"如春秋时，犹尊礼重信"，就是对这种历史文化现象的洗练概括。

可是，社会历史现象是很复杂的，哪怕在当时，也有不少人没有将"信义"当作一回事，他们贵为王侯将相，却出尔反尔，食言而肥。在他们身上，那种建立在贵族精神上的荣辱观被彻底颠倒，是非心、敬畏心几乎荡然无存；代之而起的，是甚嚣尘上、笼罩一切的功利之心。郑厉公是这类人物的典型，后来的越王勾践也大同小异。

郑厉公不但无"信"可言，也同样无"仁"可述。复辟成功后，逼死大臣原繁一事，更体现了他的冷酷残忍。傅瑕死时，他命人对原繁说：帮助我回国而没有二心的臣下，我都答应给他们上大夫的职位，我愿意和你一起商量。但令我感到遗憾的是，我流落在栎邑的时候，你没有向我汇报国都内的情况，如今我回国重新上位了，你又不主动亲附我，我实在觉得不是个滋味！

"纳我而无二心者，吾皆许之上大夫之事，吾愿与伯父图之。且寡人出，伯父无里言。入，又不念寡人，寡人憾焉！"（《左传·庄公十四年》）

原繁是聪明人，立即领悟了郑厉公这番话背后的潜台词。死，当然是可以的，原繁对此毫不畏惧；但道理可要讲清楚，不能死得不明不白。于是，他做了一番义正词严的临终陈辞：先君桓公命令我的先人管理宗庙列祖列宗的主位。国家有君主而自己的心却在国外（你的身上），还有比这更大的二心吗？如果主持国家，国内的百姓，谁不是他（郑昭公到公子仪）的臣下？臣下不应该有二心，这是天经地义的。公子仪居于君位十四年，现在有人策划并帮助您回国，这难道不是有二心吗？庄公的儿子还有八个，如果都用官爵做贿赂、做诱饵，劝说别人三心二意，且可能取得成功，君王您该怎么办？您难道能认可？我明白您说话的意思，马上就死在您的眼前！

"先君桓公命我先人典司宗祏。社稷有主，而外其心，其何贰如之？苟主社稷，国内之民，其谁不为臣？臣无二心，天之制也。子仪在位，十四年矣；而谋召君者，庸非贰乎？庄公之子犹有八人，若皆以官爵行赂劝贰而可以济事，君其若之何？

臣闻命矣！"(《左传·庄公十四年》)

说毕，他义无反顾地上吊去死。原繁之死，鲜明地反衬出郑厉公的鲜仁寡耻，狭隘残暴！

然而，就是这么一个不讲仁义、不守信用的郑国国君，在"小霸"郑庄公去世后的郑国延续多年的政治倾轧与内讧中，咬牙坚持了下来，笑到了最后。不仅如此，他还在周王室的内乱中站对了队，襄助周惠王平定了王子颓的反叛，并因勤王有功而获得丰厚的回报，获取了虎牢以东的大片地盘，"王与之武公之略，自虎牢以东"(《左传·庄公二十一年》)，使郑国在郑庄公之后再度复兴，可谓是名利双丰收。

遗憾的是，真实的历史就是这样的残酷：小人逞志，君子出局。郑昭公失败，郑厉公成功，令人叹息。

祸从口出：宋闵公是怎样挂掉的

讲话是一门艺术，所以，"逢人且说三分话，未可全抛一片心"。或提醒人们："良言一句三冬暖，恶语伤人六月寒。"前者是警示人们说话要有所保留，不要把自己的真实想法和盘托出，最好是能够做到三缄其口。后者是给不得已必须说话的人指点迷津：见人多说场面上的奉承话，营造良好的对话交流氛围；不要说那些也许真实，但却直白而难听的话，惹得对方反感甚至憎恶，导致事倍功半，甚至适得其反。

这类箴言，虽貌似乡愿、市侩，太计较于功利，但是，在现实生活中，可是屡试不爽的良法。在与人交往中，避免意气用事、恶语相向非常重要，稍有差池，后果不堪设想。当你说话的对象，是一个心胸十分狭窄、遇事一触即跳，且睚眦必报的莽夫粗汉时，那就更得千万小心了，因为只消一句话，便可燃起他心头的愤怒之火，乃至给自己带来实实在在的性命之忧！

春秋前期宋国君主宋闵公，就是因为缺乏机心，胸无城府，口无遮拦，惹恼了手下的赳赳武夫南宫长万（又称南宫万、宋万），以致莫名其妙地断送了自己的性命。

　　南宫万是当时宋国大名鼎鼎的一号勇士，力大无穷，顾盼自雄，这在当时也不奇怪。因为，在全社会奉行"尚武"精神的春秋时期，"士"的根本属性是"武士"，"二桃杀三士"中的"三士"古冶子、田开疆、公孙接，《孙子兵法》中提到的"杀士三分之一而城不拔者，此攻之灾也"中的"士"，都是这类人，他们是万人敬仰的社会精英，也是保家卫国的栋梁之材，所谓"赳赳武夫，公侯干城"，说的就是这种现象。正是因为这些"士"地位高、被尊敬，他们大多自我感觉很好，不仅注重自己的尊严与脸面，更在乎他人的礼貌与态度，个别的甚至过度自尊到了病态的程度，"二桃杀三士"故事中古冶子等三人的殒命，就是由于他们放不下自己的颜面与荣耀，而让老奸巨猾、居心叵测的晏婴给摆了一道。

　　不过，天有不测之风云。公元前683年，南宫长万遭遇了一道大坎，风头正健的好日子结束了。当时，宋、齐联军与鲁庄公亲率的鲁国军队在乘丘（今山东济宁市兖州区西北）地区激烈交锋，南宫长万身先士卒，率宋军奋勇厮杀。交锋过程中，鲁庄公大力挽弓，用金仆姑箭直射南宫长万，南宫长万惊恐之中不慎坠车，被鲁庄公的参乘（车右）颛孙生擒活捉，当了鲁军的俘虏，"乘丘之役，公以金仆姑射南宫长万，公右颛孙生搏之"（《左传·庄公十一年》）。南宫长万是宋国的大名人，宋国方面当然得加以营救。鲁国倒也痛快，答应了宋国的请求，将南宫长万释放回国。

　　南宫长万素以勇名闻于宋国上下，用今天的话来说，他是当时标准的"顶流"，万众瞩目，风光无限。可如今，曾经的常胜将军却在战场上吃了败仗、当了战俘，历尽千辛万苦方得以灰溜溜返回国内，勇士的尊严与荣耀荡然无存，可谓颜面尽失。可以想见，此时南宫长万的内心一定无比煎熬，生怕听到有人再提及此事。谁要是敢触碰他心头的伤口，他一定会怒发冲冠，火冒三丈。

可是，他的顶头上司宋闵公，偏偏是一个脑子拎不清的糊涂蛋，他根本搞不懂南宫长万此时此刻的心态，哪壶不开提哪壶，只知道往伤口撒盐，给对方添堵。这一年的秋天，南宫长万随同宋闵公到郊外打猎，其间，两人因为打赌争胜而发生争执，闹得十分不愉快。宋闵公气急败坏之下，就旧事重提，当场拿南宫长万打败仗当俘虏的不光彩经历消遣他、羞辱他，"潘（闵）公与南宫万猎，因博争行，潘公怒，辱之"（《史记·宋微子世家》）。

宋闵公自以为是国君，可以口无遮拦，话越是难听伤人，他越是要说，根本不计这些话可能会导致的后果："原来我很尊敬你，可是，想不到你如此没有出息，居然会沦落到当了鲁国的俘虏，真是让大家大失所望，所以，我如今再也瞧不起你了！""宋公靳之，曰：'始吾敬子，今子，鲁囚也。吾弗敬子矣。'"（《左传·庄公十一年》）

宋闵公的言辞，伤害性不大，但侮辱性极强，南宫长万的流血伤口又让宋闵公剜了这么一刀，仇恨入心，几欲发狂。"士可杀不可辱！"他本来就不是宽宏大量之辈，这时更让宋闵公毫无顾忌的话语勾引起了杀机，恶向胆边生：你这个昏君，既然如此羞辱我，就得为逞口舌之快付出应有的代价。我也不再对你客气，一不做二不休，要取下你颈上的人头，好宣泄我心中的这股恶气！

于是，南宫长万暂时按捺住怒气，窥测时机，等待下手的最佳机会。这个机会不久就来了，到了次年的秋天，南宫长万终于在蒙泽（今河南商丘东北）的野外亮出屠刀，杀了宋闵公。宋闵公也许至死也没有弄明白，他当初对南宫长万说的那番话，正是要自己命的毒箭！

南宫长万打仗败给了鲁军，但在宋国之内，他的勇武是罕有其匹的。弑杀宋闵公后，他索性破罐子破摔，大开杀戒，先后杀死了宋闵公的重臣仇牧、太宰华督（公元前710年弑杀宋殇公的元凶，事见《见色起意》），驱逐宋公室子弟，册立傀儡新国君，把一场单纯的个人仇杀上升到翻天覆地的国家暴力政变。

"遇仇牧于门，批而杀之，遇大宰督于东宫之西，又杀之。立子游。群公子奔萧，公子御说奔亳。南宫牛（南宫长万之弟）、猛获（南宫长万的心腹爪牙）帅师围亳。"（《左传·庄公十二年》）

多行不义必自毙。南宫长万的倒行逆施，遭到了宋国地方势力集团与公室子弟的联合反抗，他们还联合曹国这个境外势力，一并向南宫长万反扑过来。南宫长万再是勇冠三军，也终究是双拳不敌四手，输掉了这场内战。他仓皇出逃陈国，结果被陈国人所出卖，遣送回宋国，被对手剁成了肉酱。

"冬十月，萧叔大心及戴、武、宣、穆、庄之族以曹师伐之。

杀南宫牛于师，杀子游于宋，立桓公。猛获奔卫，南宫万奔陈，以乘车辇其母（南宫长万虽有百般不是，但事母至孝，也是难得的优点），一日而至。宋人请猛获于卫……卫人归之。亦请南宫万于陈，以赂。陈人使妇人饮之酒（宴无好宴，美女凶猛），而以犀革裹之。比及宋，手足皆见（南宫万神力，差一点就撕开犀牛皮，挣脱束缚）。宋人皆醢之。"（《左传·庄公十二年》）

至此，因言辞失和而酿成惊天血案的两个主角宋闵公、南宫长万都从人生舞台上黯然谢幕了。这样的悲剧，本来不应该发生；它带给宋国的巨大损失，本来也可以努力避免。说到底，南宫长万毕竟只是一介武夫，并没有政治上的野心。他发动的叛乱也显然不是蓄谋已久，精心策划的，更多带有一定的随机性，是相对意外的事件。

"一言以兴邦，一言以丧邦。"宋闵公哪壶不开提哪壶的态度，没有政治格局、不尊重他人的言辞，终于诱发南宫长万铤而走险，其结果不仅是两败俱伤、一地鸡毛，宋闵公不得善终，南宫长万死于非命，更导致宋国不少人赔了性命，国势更是一落千丈，完全是多输的局面。

由此可见，好好说话，那是何等的重要！

率先垂范：楚国崛起的历史密码

公元前 690 年，始终执着于剪灭随国的楚武王，又一次痛下决心，准备全面启动第三次伐随之役。为了确保战争的胜利，他预先做了大量的准备工作，包括演习新型的作战阵法"荆尸之陈"，给军队配置集勾啄与击刺功能于一体的先进武器"长戟"，"四年春王三月，楚武王荆尸，授师孑焉"（《左传·庄公四年》）。

战争准备一切就绪后，楚武王顺理成章"以伐随"（《左传·庄公四年》）。大军出动前的最后一道程序，是在祖庙中进行斋戒沐浴，祷告祈求上天和祖先的保佑。就在这道神圣仪式稳步进行的过程中，楚武王突然感觉到自己的身体很不舒服，不过，他还是咬咬牙坚持了下来。

斋戒结束，楚武王返回内宫，对自己的夫人邓曼说："余心荡。"（《左传·庄公四年》）我的心跳动得很厉害，好像有一种不祥的预感。邓曼一听，就认识到问题的严重性，忍不住悲伤地叹息道：大王，您的寿命快要到头了。您这一辈子事业上成就卓著，堪称圆满。水满则溢，月盈则亏，乃是自然的规律。所幸祖先庇佑，大王命中注定的结局，是像一名伟大的英雄一样，在战场上轰轰烈烈地死去，完成有尊严的谢幕，"王禄尽矣。盈而荡，天之道也。先君其知之矣，故临武事，将发大命，而荡王心焉"（《左传·庄公四年》）。

邓曼夫人是极有智慧的女性，她强忍悲痛，鼓励夫君楚武王完成人生中的最后一次征战。她认为，楚武王此次行动，只要军队不受到损失，那么即使国君不幸殒命军旅，那也是一个国家的福祉，"若师徒无亏，王薨于行，国之福也"（《左传·庄公四年》）。雄才大略的楚武王也不含糊，在夫人的理解与鼓励下，明知自己生命体征不稳，却依然勉力率军亲征随国，终于毫无悬念地死在了行军的途中，"王遂行，卒于樠木之下"（《左传·庄公四年》）。堪称一生戎马，马革裹尸。不过，跟随楚武王伐随的令尹斗祁、莫敖屈重并没有因国丧而偃旗息鼓，反倒继续开进，深入随国的腹地，逼迫随人乖乖投降。从此，随国成为唯楚国马首是瞻的附庸国。办成这一切之后，楚国高官才为楚武王隆重发丧，以告慰他的泉下之灵，"营军临随。随人惧，行成"（《左传·庄公四年》）。楚武王如若泉下有知，必会对此大为欣慰吧。

楚武王的所作所为，在楚国国君中并不是个案特例。娴熟军事，亲临一线，勇于担当，率先垂范，应该说是春秋前期楚国多数君主的共性特点，几乎可以说是一种薪火相传的光荣传统。在楚武王的继承者楚文王的身上，同样体现了这个鲜明的特质。

公元前 676 年，也即鲁庄公十八年冬，楚国原先的同盟者巴人，因各种原因与楚国反目为仇，大打出手。楚国的安全受到了极大的威胁，危险迫在眉睫。于是，在第二年（公元前675年）的春天，楚文王亲自统率楚军赶赴战场，抵御巴人的进犯，"十九年春，楚子御之"（《左传·庄公十九年》）。不过，让人意想不到的是，楚文王这次御驾亲征进行得很不顺利，甚至可以说遭遇了滑铁卢，"大败于津"（《左传·庄公十九年》）。楚文王迫不得已，只好退兵撤军，返回都城。

谁知，楚文王返抵郢都城下时，戏剧性的一幕发生了：当时掌管城门的官员（大阍）鬻拳认为败军之将不得入城，因此拒绝楚文王进入郢都城内，"还，鬻拳弗纳"（《左传·庄公十九年》）。楚文王也觉得鬻拳这么做，并没有什么错：自己打了败仗，灰头土脸回来，无论是对国家，还是对自己，都是一种耻辱；倘若勉强进入，这个耻辱便会伴随终生，永远成为笼罩在自己人生之上的一道阴影。

于是，楚文王化悲愤为动力，率领大军去攻打黄国，希望借助伐黄的胜利，将功补过，抹平自己与巴人作战败绩所带来的耻辱。今天看来，楚文王在巴人那里碰了钉子，转头去找无辜的黄国泄愤，是毫无道理的强盗逻辑。然而在那个弱肉强食的乱世，恃强凌弱，以大欺小，本就稀松平常。楚文王作为大国之君，也根本不在乎什么道义。在他眼里，所谓对错、仁义都一文不值；本人、本国的尊严与利益才是最大的硬道理。我们无法用现代的道德价值观念来衡量他的举措。总而言之，他师出无名侵略黄国的行径，终究还是发生了。

这一次伐黄之役，楚军行动的进展，似乎还是相当顺利的。

在楚文王的指挥下，楚军上下同仇敌忾，将士用命，在踖陵（今河南潢川县西南）地区大破黄国的军队，"败黄师于踖陵"（《左传·庄公十九年》）。心有块垒的楚文王，也借此好不容易出了一口窝囊气。

伐黄一役取胜之后，楚文王觉得自己终于有颜面和资格班师回朝了，于是就带着楚军返回郢都。但或许是因为长年累月在外奔波、风餐露宿，也可能是他毫无理由地攻伐小国、欺凌无辜招来了天谴，当军队到达湫地（今湖北钟祥市北）时，楚文王病倒了。野外生存，条件自然好不到哪里去，楚文王的病况越来越严重。回到郢都，又起起伏伏拖了一段时间之后，他终于扛不过病魔的打击，一命呜呼。他的身后事还是由当初不让他进郢都的大阍鬻拳完成的。一代枭雄，就此从历史的舞台上静静谢幕。"还，及湫，有疾。夏六月庚申，卒。鬻拳葬诸夕室。"（《左传·庄公十九年》）

由此可见，无论是楚武王，还是楚文王，在楚国事业发展的过程中，都没有坐享其成，躲在深宫，过那种没日没夜、纸醉金迷的快乐生活，而是栉风沐雨，舍生忘死，始终扮演着前台第一主角的角色。这当然是一个国家得以迅速崛起的最根本保证。

道理很简单："君子之德风，小人之德草，草上之风必偃。"上行下效，榜样的力量是无穷的，楚国国君起的就是率先垂范、以身作则的作用。他们的舍己为国、节用爱人，其根本目的虽然是为了维系自己的权力、巩固自己的江山，可芸芸众生哪里分得清上位者究竟是大公无私还是虚情假意，他们只会因君主的身先士卒而感动、为他们的壮烈成仁而悲痛。在这样激情洋溢的宣传影响下，楚君治下的民众，自然会努力打拼，赴汤蹈火，死不旋踵。有这样的君主带头，有这样的臣民效命，那么，"无亦监乎若敖、蚡冒至于武、文，土不过同①"（《左传·昭公二十三年》）的楚国，在春秋时期实现跨越式发展、完成弯道超车，一跃而成为当时仅次于晋国的天下第二强国，也是势所必然，理有固宜。

---

① 楚武王（约前740年—前690年），楚文王（？—前675年）。在井田制下，一百亩（相当于现在的三十一亩）为一田，也叫一夫，是当时一个劳动力耕种的标准面积。九田为一井，十井为一成，百井为一同。

咎由自取：齐襄公的人生败笔

"物极必反""否极泰来"，这是古今社会政治生活中的常态。春秋前期，齐国民众撞了大运，得了一个不世出的明君齐桓公，从此在诸侯争霸大业中捷足先登，跃为"首霸"，号令诸侯，雄视天下。不过，正是因为前任齐襄公做得太烂，其无休止的折腾，让齐国几近崩溃，才促使继任的齐桓公痛定思痛，彻底改弦更张、另起炉灶，为齐国的生存与发展寻找到一条新路，进而重振雄风、再铸辉煌。老子有言："不善人者，善人之资。"信然！

说到败家子齐襄公，还得从其父齐僖公说起。

在春秋历史上，齐僖公应该说是齐国一位比较有作为的君主。他在位期间，积极致力于和郑、鲁两个周王室最亲近的姬姓诸侯搞好关系，并在郑庄公的引荐下与周王套上近乎，逐渐得到周王室的青睐。在齐僖公主持下，齐国"通商工之业，便鱼盐之利"（《史记·齐太公世家》），"尊贤尚功"，由疆域不过百里，人口稀少且多为盐碱地的异姓诸侯国逐渐变为大国，并成功组织了"瓦屋会盟"，和当时由鲁庄公领导的鲁国一起，成为春秋初期赫赫有名的"小伯"，在你方唱罢我登场的诸侯世界里混得风生水起。

不过，在接班人问题上，齐僖公与当时大多数诸侯国国君一样，也是弄得灰头土脸，遗患无穷。他儿子众多，其中身为太子的诸儿（也即后来的齐襄公）既品德差劲，才干也乏善可陈。尚未继位时，他就无法进入齐国各种政治势力的法眼，稍有点头脑的人都预料他继位之后会出乱子。相反，大家倒是一致看好他的几个兄弟，尤其是公子小白（即后来的齐桓公）和公子纠，甚至早早地把振兴齐国的希望寄托在他们两人身上。在齐国众卿大夫的推波助澜下，公子小白和公子纠两人周围很快各自形成了自己的小圈子，其中，小白智囊团里的核心人物是鲍叔牙，公子纠圈子里的主心骨则是管仲。两个圈子的人马也都野心勃勃地觊觎齐国君位，并把对方看作最大的竞争对手，长期以来明争暗斗，不可开交。

齐僖公寿终正寝、驾鹤西去之后，按嫡长子继承制的常例，诸儿继位登基，是为齐襄公。果然不出人们所料，这个花花大少"一朝权在手，便把恶来行"，很快把齐国搞得鸡飞狗跳，乌烟瘴气。他最荒唐的行为就是和他的亲妹妹，也就是鲁桓公的夫人齐姜通奸，"（鲁桓）公会齐侯于泺，遂及文姜如齐。齐侯通焉（杨伯峻注：通犹今言通奸）"（《左传·桓公十八年》）。此事被鲁桓公发现，严厉斥责了文姜："公谪之。"（《左传·桓公十八年》）为了防止丑行败露，齐襄公与齐姜二人合谋，竟然把在齐国访问的鲁桓公灌醉杀死，"夏四月丙子，享公，使公子彭生乘公，公薨于车"（《左传·桓公十八年》）。在鲁国的强烈抗议下，齐襄公又杀掉了他派去结果鲁桓公性命的凶手公子彭生，以平息鲁国的怨气。"鲁人告于齐曰：寡君畏君之威，不敢宁居，来修旧好。礼成而不反，无所归咎，恶于诸侯，请以彭生除之。齐人杀彭生。"（《左传·桓公十八年》）但从此，齐国与鲁国关系破裂，由盟国变为敌国。

齐襄公的另一大荒唐事是出尔反尔，言而无信，最终也因此葬送了自己。齐襄公派连称、管至父戍守葵丘（今山东淄博市临淄区北），当时的葵丘处在宋、郑等国的包围之中，于齐国而言，已算得上是"远恶军州"，所以连称和管至父并不愿意前去。为了安慰他俩，哄骗这两人欣然从命去镇守葵丘，齐襄公与他们约定，今年瓜成熟时节去，到明年瓜成熟时节便派人去换防，戍期为一年。所谓"瓜时而往，及瓜而代"，这个成语就是这么来的。一晃，眼看又是一年瓜熟时，连称和管至父归心似箭，天天盼着来人换防接班，可齐襄公再也不理这茬，"期戍，公问不至"（《左传·庄公八年》）。两人托关系请人在齐襄公面前提及换防的事，又被齐襄公一口拒绝。眼看归家遥遥无期，两人心里真是恨透了食言而肥的齐襄公，与公孙无知和被齐襄公纳为嫔妃的连称的堂妹勾结起来，准备干掉齐襄公，"故谋作乱"（《左传·庄公八年》）。

公孙无知是齐僖公同母之弟夷仲年的儿子，齐僖公非常喜欢他，让他享受太子的待遇，"有宠于僖公，衣服礼秩如适"（《左传·庄公八年》）。齐襄公为太子时，对这位堂弟很是看不顺眼，两人之间还发生过打斗，齐襄公继位之后便剥夺了他的待遇,公孙无知因此怀恨在心。连称的堂妹入宫以来备受冷落,不知何故,以荒淫闻名的齐襄公就是看她不上,"无宠"(《左传·庄公八年》),于是她心中对齐襄公颇多怨怼。这四个失意者为改变自己目前的窘局勾结起来,准备把齐襄公搞掉,以公孙无知取而代之,许诺事成之后立连称堂妹为夫人,由她利用在宫中的有利条件,负责寻找最佳的动手时机。

公元前686年12月,齐襄公出游姑棼(今山东博兴东北),顺便又到贝丘(今山东博兴东南)狩猎游玩。齐襄公在狩猎时遇到一头野猪,有人告诉他这头野猪是他杀害的替死鬼彭生的冤魂变的,"从者曰:公子彭生也"(《左传·庄公八年》)。齐襄公大怒,于是搭箭便射。这头野猪被激怒了,直立起来向齐襄公吼叫着猛扑过来,"豕人立而啼"(《左传·庄公八年》)。齐襄公本来就心中有鬼,见此情形真的以为是彭生的鬼魂向他寻仇,登时吓得魂飞魄散,从车子上掉下来,脚也扭坏了,鞋子也掉了。他顾不上捡鞋子,掉头就跑,连滚带爬逃回宫中,"公惧,坠于车,伤足,丧屦"(《左传·庄公八年》)。

齐襄公这次出游,把连称的那个堂妹也带来了。心怀鬼胎的她见齐襄公打猎受伤心中暗喜,把这一情况透露给了连称、管至父、公孙无知,他们乘此机会发动政变将齐襄公杀死,立公孙无知为齐侯,"(这一伙人)遂入,杀(齐襄公替身)孟阳于床。曰:非君也,不类。见公之足于户下,遂弑之,而立无知"(《左传·庄公八年》)。荒淫无道、作恶多端的齐襄公,终于得到了应有的下场。

　　公孙无知一伙通过血腥的宫廷政变上台，但是，他们也德薄才浅，并不比那个死去的齐襄公更强，除了醉生梦死贪图享乐和贪婪无比从事分赃之外，并没有任何兴利除弊的举措，所以齐国的贵族和普通民众并不支持他们。第二年春天，曾经和公孙无知有过节的齐国渠丘大夫雍廪跳出来率兵攻打公孙无知，公孙无知失道寡助，兵败被杀。至此，齐国再次陷入内乱之中，"齐无君也"（《左传·庄公九年》）。在这种情况之下，齐国的各种政治势力又重新把目光聚集在公子小白和公子纠身上。这样，为了争夺君位，公子纠和公子小白两大集团的斗争也趋于白热化。

　　公子纠的母亲是鲁国人，因此公子纠逃到鲁国避难。出于自身利益的考虑，鲁国成了公子纠在这场君位争夺战中的靠山。而公子小白的母亲是莒国人，所以小白在莒国避难。公孙无知的死讯传来，两大集团都加紧行动。当时的情况是，两人享有同等的继承权，谁先回国谁就能占得先机。莒近鲁远，为了确保公子纠胜出，其心腹管仲暗设毒计，他在鲁国的支持之下，于莒国通往齐国的大道上设下伏兵，准备半路截杀小白。当小白的人马毫无戒备地通过时，管仲亲自拈弓搭箭，直射小白。岂料人算不如天算，阴差阳错，这一箭正中小白的带钩，机智的小白就势躺倒装死，骗过了管仲，日夜兼程，抢先赶回齐国，在国、高两大世族的支持下即位，是为齐桓公。管仲以为小白已死，再无人可对公子纠的继位形成威胁，一路优哉游哉地慢慢往回赶。六天之后回到齐国，却发现一切都晚了。为夺回君位，管仲勾结野心勃勃有意争霸的鲁庄公，对齐国展开猛烈的军事进攻，意图在齐桓公政权立足未稳之际将其颠覆。好在齐军同仇敌忾，在乾时会战中一举击溃鲁军，齐桓公的地位得以巩固，开始组建治国的领导班子。这时，鲍叔牙郑重其事地向齐桓公推荐管仲，并且要求齐桓公任命管仲为相。

齐桓公毕竟是一代明君，他不计前嫌，任管仲为相，从此拉开了齐国霸业大成的帷幕："管仲相桓公，九合诸侯，一匡天下。"（《论语·宪问》）由此可见，如果没有齐襄公的恶贯满盈，自取灭亡，哪里会有齐桓公一展宏图的机会？哪里会有齐国在诸侯世界里脱颖而出、一骑绝尘的场景？

假道灭虢：一场弱肉强食的疯狂盛宴

晋国虽说是周成王之弟唐叔虞的封地，身份够显贵，但是直到春秋初年，还依然不算是一个出镜率很高、存在感特强的诸侯国。这从它只能拥有一个"军"规模的军队，就可以得到证明，因为按礼制，"大国三军，次国二军，小国一军，军将皆命卿"（《周礼·夏官司马》）的标准来衡量，晋国自然处于"小国"之列。史称："今晋国之方，偏侯也。"

晋国在春秋时期进入国家发展的快车道，固然有机缘巧合、时来运转的成分，如平王东迁时，主动投其所好，尽其所能，为王室保驾护航，有了"我周之东迁，晋、郑焉依"（《左传·隐公六年》）那份功劳。但是，归根结底，还是其历代统治者，直面礼崩乐坏新世纪来临的现实，及时修正国家发展战略，秉持后世人们所说的丛林法则，敢于亮剑，拳打脚踢，踔厉奋进，靠自己的拼搏，打造出一片崭新的天地。毕竟，天底下没有免费的午餐，要成就一番事业，主要靠自己的狠心与坚忍，因此，多年来，晋国君主，尤其是从曲沃武公开始，他们的头脑都相当地清醒与冷静，都知道不会有天上掉馅饼的好事，料事很准，遇事能忍，出手能狠，一步步将小小的晋国做大做强。

在这个历史过程中，晋献公扮演了极其重要的角色，晋国的迅速崛起，离不开他的特殊贡献。他的文治武功，为晋国的脱颖而出、跻身于春秋大国行列奠定了坚实的基础。

从现存的《左传》《国语》《史记》等史料记载的情况看，晋献公是一位颇有雄才大略的领袖。他有比较明确的国家战略发展方针，深谋远虑、举重若轻。平心而论，在春秋这个特殊的历史时期里，一个诸侯国要想全面崛起，不外乎淋漓尽致运用权谋，施展三个基本招数，一为舆论制造上的"正名"，二为国内政治生态营造上的"集权"，三为对外活动目标追求上的"扩张"。实事求是地说，晋献公在这三方面都做到了长袖善舞，挥洒自如。

先看"正名"。

说白了，就是扯虎皮作大旗，主动去拥抱周天子这条大腿，让周天子出面替自己背书，改善自己的形象，提升自己在公众舆论空间的信誉度。当时的周天子，龟缩于洛邑一隅，风光不再，不招诸侯国待见，可他毕竟还是名义上的天下共主，还有可资利用的剩余价值。晋献公知道这一点，所以即位伊始，就和虢公一道，风尘仆仆前往成周朝觐周惠王，接受周王的赏赐。为了更进一步密切与王室的关系，晋献公又伙同虢公、郑伯，一起为刚刚当上"天子"的周惠王操办隆重的婚礼，出资赞助周卿士原庄公到陈国，迎接陈国公主陈妫到成周和周惠王完婚。

场面上的事要做，实质性的事更得干。公元前655年，晋军攻灭虞国之后，晋献公慷慨大方，"且归其职贡于王"（《左传·僖公五年》），即把虞国的贡纳和赋税呈献给周惠王，解了周室缺钱少粮的燃眉之急。这些做法，与其父晋武公在位之时发兵攻打周室，杀死成周的夷邑大夫夷诡诸，逼走成周执政大臣周公忌父的行径不啻有霄壤之别。晋献公就是通过这种姿态，轻轻松松赢得"尊王"的美誉，在一众诸侯国中树立了良好的形象，极大地提高了自己的声誉！

再看"集权"。

所谓"集权"，说穿了就是所谓的"攘外必先安内"。在大张旗鼓"尊王"替自己"正名"的同时，晋献公还不遗余力地巩固和强化自己的权力。诛杀"公族"，就是这方面最重要的措施。所谓"公族"，即是由历代国君的庶子繁衍枝蔓而形成的宗族。旷日持久，他们人数膨胀，在国内政治舞台上具有炙手可热、举足轻重的地位，经常对君权构成严重的威胁。晋献公的前辈就是晋国公族的一支，曲沃桓公、庄伯、武公以"小宗"身份兼并翼地（今山西翼城东南）的"大宗"，最终攫取晋国政权的血腥历史，晋献公耳熟能详，有切身的感受。他当然不愿"投桃报李"，让同样的历史悲剧轮回到自己的身上，因此，他一直处心积虑、步步为营，致力于剪灭公族，以加强君权。

为此，他采纳大夫士蒍的计谋，在诸公族之间蓄意制造矛盾，挑动他们自相倾轧、自相残杀。在公族势力遭到相当程度的削弱之后，晋献公于公元前669年在聚地（今山西绛县东南）筑城，让群公子居住，"乃城聚而处之"（《左传·庄公二十五年》），同年一个寒冷的冬天，晋献公亲自统领大军，出其不意围攻聚邑，亮出屠刀，大开杀戒，尽屠群公子，"冬，晋侯围聚，尽杀群公子"（《左传·庄公二十五年》)，使大权集中于国君之手，结束了内患，安定了统治。当然，这一残忍的举措也带来明显的后遗症，即导致春秋后期晋国公室卑弱衰微，异姓贵族势力乘机坐大，操纵国政，把持军权，最终走上"三家分晋"的不归之路。

三看"扩张"。

这才是最主要、最关键之所在，光"内卷"是不行的，重要的是能否取得对外拓展的成功。将人家的土地据为己有，将别国的人口收入囊中，让竞争者不断削弱，乃至于彻底蒸发，让自己不断坐大，君临天下，是春秋霸主们的共同战略。在彻底解除了公族对君权的威胁这一后顾之忧后，晋献公开始大刀阔斧地展开对外的军事扩张。要对外开拓发展，首先必须拥有强大的军事实力。为此，晋献公我行我素，毫无顾忌地打破先前周王室所规定的晋国只能拥有一军的数量限额，于公元前661年将一军增扩为两军，他本人亲领主力上军，而由太子申生统率下军，"晋侯作二军，公将上军，大子申生将下军"（《左传·闵公元年》)。

在兵强马壮的基础上，他动用军队主动向外出击，于同年先后灭掉耿（今山西河津东南）、霍（今山西霍州西南）、魏（今山西芮城北）等诸多小国。次年，晋献公再接再厉，又派遣太子申生率军讨伐东山皋落氏（今山西垣曲东南，系赤狄氏之一支），胜利而归，"败狄于稷桑而反"（《国语·晋语一》)。与此同时，晋献公还先后派兵攻灭了周围的骊戎等诸多小国。

常言道"欲壑难填"，统治者的贪欲那更是永无止境。在初战告捷的有利形势下，晋献公又将进攻的矛头指向实力较为强盛的虢、虞两国。到了这个时候，"假道灭虢"这出戏码，就顺理成章、呼之欲出了。这是大夫荀息深思熟虑之后提出的一个阴谋诡计，通过向虞国借道，攻伐虢国，再视形势的发展，便宜从事，以争取获一石两鸟的效益最大化。

公元前658年，晋献公的心腹大臣荀息建议，花血本，贿赂虞国国君，顺利借道，为自己攻打虢国提供方便，"晋荀息请以屈产之乘与垂棘之璧假道于虞以伐虢"（《左传·僖公二年》）。一开始，晋献公还有些舍不得，"是吾宝也"（《左传·僖公二年》）。荀息开导晋献公说，如果能够从虞国那边借到攻打虢国的道路，那么就等于将宝贝在我们外地的府库里临时存放几天而已，这宝贝还等于在我们手中，它们跑不了，"若得道于虞，犹外府也"（《左传·僖公二年》）。

晋献公本人对虞国的情况还是相当了解的，这时，又提出自己的另一个顾忌：虞国国君是傻子，这没有问题。不过，我们可不要忘了，虞国还有一个厉害的角色——宫之奇。我们的那点花招，可逃不过他的法眼，"宫之奇存焉！"（《左传·僖公二年》）。

荀息回答说：宫之奇厉害不假，但他也有弱点与软肋，即性格比较懦弱，不敢和国君说重话，说硬话。而且自幼生长于宫廷内，与国君厮混在一起，两人互相太熟悉了，国君就习以为常，没有了感觉，所以不会觉得宫之奇有什么了不起的地方。宫之奇说得再多，也是无法打动虞君的，等于白说。"宫之奇之为人也，懦而不能强谏。且少长于君，君暱之，虽谏，将不听。"（《左传·僖公二年》）

经过荀息这番合情合理的分析，晋献公的顾虑给打消了，就任命荀息为专使，出使虞国，与虞国国君商洽假道伐虢事宜。虞国的国君看到荀息送上的大礼，两眼顿时发光，垂涎三尺，恨不得一口吞下去。意乱情迷，难以自已。什么合作，什么借道，统统都好商量，一概不是问题，很快就拍板定夺：与晋国合作，借道给晋军，而且自己也要参与进去，分上一杯羹："虞公许之，且请先伐虢。"（《左传·僖公二年》）宫之奇想劝阻，但正如荀息事前之所料，虞君对他的话毫不理会、彻底无视，"宫之奇谏，不听，遂起师"（《左传·僖公二年》）。该年夏天，晋、虞两国军队会合，一起攻打虢国，攻占虢国当时的都城下阳，虢国国君带着残兵败将逃窜到虢国其他的城邑，苟延残喘，苦苦挣扎。

晋献公的这一次假道伐虢，应该说是投石问路，小试牛刀，摸清楚了虢、虞两国的底细，为下一步实现自己对外扩张的战略目标做了一次成功的预演，属于不可或缺的铺垫。而虞国的国君，表面上收到一份意外的大礼，可实际上却是扮演了为他人火中取栗的角色，自己让人卖了，还替人数钱，其厄运的降临，看来真的是无可避免了。一个国家命运的主宰者，居然会愚蠢到这个程度！

食髓知味，不出三年，晋献公又上演老戏码，连台词都懒得改，"晋侯复假道于虞以伐虢"（《左传·僖公五年》）。这一回，宫之奇可真的是坐不住了，他知道，第一次是试探，那第二次可是实锤。于是，他向虞公进谏：虢国，那可是虞国的外围。它如果挂掉了，虞国大概跟着完蛋。千万不能给晋国提供方便，千万不可激发晋国的野心。上一次借路已是严重的过错，这样的过错怎么可以再来一次？"一之谓甚，其可再乎！"（《左传·僖公五年》）谚语"辅车相依，唇亡齿寒"，所指的就是虞和虢这样的关系啊。君上可要断然拒绝晋国方面居心叵测的要求。

可是颟顸昏聩的虞公却不以为然，他不相信同宗的晋国会坑害自己，"晋，吾宗也，岂害我哉？"（《左传·僖公五年》）。宫之奇听了真是啼笑皆非，没有永远的朋友，也没有永远的敌人，只有永远不变的利益。在利益面前，亲情、友谊一钱不值，可以被弃之若敝屣，可我们的虞公居然还迷恋于"同宗"这张温情脉脉的面纱，这也天真滑稽得可以。于是他列举包括晋国在内的许多历史事例，说明将和平寄托在"同宗"血缘关系上，乃是自欺欺人、掩耳盗铃的幻想。比虞国在历史上贡献大的同宗虢国灭亡在即，比虞国在宗族关系上亲近百倍的桓叔、庄伯两族被屠戮殆尽，虞国与晋国这种出了"五服"的疏远同宗关系，哪里有什么可指望的呢？

宫之奇的这番话说得有理有据，虞公无法辩驳，最后，只好抬出神意，为自己的错误决策背书，准备一意孤行，将错误进行到底，"吾享祀丰洁，神必据我"（《左传·僖公五年》）。这口气，与后来的西楚霸王项羽为自己四面楚歌、兵败垓下辩解倒蛮相似的，"天之亡我，非战之罪"。宫之奇耐着性子，又毫不客气地打破了虞公依赖神灵保佑的幻想："鬼神非人实亲，惟德是依……则非德，民不和，神不享矣。神所冯依，将在德矣。"（《左传·僖公五年》）

很遗憾，虞公领导风格的最大特色，是刚愎自用，独断专行，一条道上走到黑。宫之奇苦口婆心的劝阻，就像拳头打在棉花上，劲道被消解得无影无踪，完全成了白费口舌，自作多情，什么效果也没有，虞公依旧是我行我素，奇蠢无比地进入了晋国预先布置好的圈套之中，"弗听，许晋使"（《左传·僖公五年》）。

这一回，那可再也没有几年前那一次的"好运气"了，虞国不但没有"垂棘之璧"之类的厚礼进账，而且跟随着被自己出卖的兄弟之邦虢国，也遭遇到国破家亡的灭顶之灾。真的只有两个字可以来形容虞公的宿命：活该！"冬十二月丙子，朔，晋灭虢，虢公丑奔京师。师还，馆于虞，遂袭虞，灭之，执虞公及其大夫井伯。"（《左传·僖公五年》）

其实，即使当时虞公明智地采纳了宫之奇的劝谏，拒绝了晋献公借道的要求，在春秋时期大国兼并小国的戏码愈演愈烈的大趋势之下，晋国寻找虞国的晦气，加以吞并，攫为己有，可能也是无法避免的前景。但那时，晋国不得不选择远程奔袭、突然袭击、正面硬刚等手段，浑不似"假道灭虢"时顺手牵羊、瓜熟蒂落、水到渠成一般，来得轻松愉快，悠闲自在。换言之，性价比会差很多，届时所付出的代价会大得多。如果虞国再秉持"无恃其不来，恃吾有以待也"的备战方针，将自己打造成"刺猬"或"豪猪"，那么，更能让晋国在展开兼并战争之前投鼠忌器，不得不三思而行。这也许在一定的程度上延缓虞国亡国的时间，使晋国的对外扩张不能那样顺心如意。

历史上没有"如果"，也无法"假设"，真实的情况是，晋献公"假道"之策如愿以偿，虢、虞两国先后成了人家的盘中大餐。

弱肉强食的血腥盛宴，在漫长的历史长河里不断开张，作为饕餮者，晋献公不是最早的一个，更不是最后的一人。

通过多年锲而不舍的经营，晋献公已使原来并不怎么起眼的晋国一跃而成为一个人人忌惮的大国，据有河汾间之沃壤，即今山西、陕西、河南之间的三角地带，幅员辽阔，地势险要，攻守可恃，战略主动。军事实力强大，君权高度集中，国势日益兴盛。已奠定了晋国东进中原，角逐霸权的基础，为日后晋文公的"取威定霸"创造了条件。

事缓则圆：齐桓公的稳重

"春秋五霸"都有谁？说来说去，真正名副其实的，只有三位：齐桓公、晋文公和楚庄王。三人中间，楚庄王是"蛮夷"的头子，出身比不上前两位。因此，他一鸣惊人，青云直上，爬上霸主的宝座，对那些诸夏本位论者来说，不仅不值得高兴，甚至可以说是羞辱。只是迫于形势，大家才言不由衷地接受这一事实。由此可见，尽管楚庄王神气活现，踌躇满志，但在中原诸侯的心目中，他根本算不得"根正苗红"的"霸主"，不过"紫色蛙声，余分闰位，圣王之驱除云尔"（《汉书·王莽传》）。

晋文公当然不同，出身姬姓宗族的他是地道的华夏"圈内人"，他要出人头地，也算得上名正言顺。事实上，晋文公也的确够争气，上台没多久，便施展拳脚，几个回合下来，便让那曾经趾高气扬、目空一切的楚国好汉趴在地上，动弹不得，使诸多中原诸侯找到了挽回面子、走下台阶的机会。就霸业之盛、声誉之大而论，晋文公无疑属于春秋历史上的顶尖人物。可惜的是，他做事过于张狂，不大计较轻重，口口声声尊重周天子，其实却将之视如玩偶，呼来唤去。这如何不教人既愤怒又恐惧。

同时，晋文公机心太重，韬略太多，用兵讲求诡诈，谋事注重算计，更给人留下老奸巨猾的印象。无怪乎孔子对他颇有微词："晋文公谲而不正"（《论语·宪问》）。既然是"谲而不正"，那么，晋文公在五霸中的地位，自然也得打上几个折扣。

宋襄、秦穆不够资格，晋文、楚庄又不无瑕疵，那么"五霸"之中，无可指摘的，也就只余下那位齐桓公了。于是，人们便把齐桓公抬出来充当"五霸"的典范，孔夫子称道他"正而不谲"；孟子的态度同样鲜明，说是"五霸桓公为盛"。他们这么说，可不是兴之所至的信口开河，而是当时社会舆论的客观反映。齐桓公身后受到人们的普遍怀念乃是不争的事实，他生前的许多做法也曾为后人所效法、模仿。公元前 641 年，鲁、蔡、陈、楚、郑多国诸侯风尘仆仆、鞍马劳顿赶到齐国搞会盟，中心的议题便是所谓"修好于诸侯，以无忘齐桓之德"（《左传·僖公十九年》），即举办了一场为齐桓公歌功颂德的专题国际论坛。公元前 538 年，楚灵王召集十三国在申地（今河南南阳北）开大会，在礼仪方式的选择上，楚灵王也毫不犹豫地表示要向齐桓公看齐，"吾用齐桓"（《左传·昭公四年》），透露出他企图步其后尘，号令诸侯的勃勃雄心。这些史实，无不说明齐桓公才是春秋五霸中真正意义上的"雄主"，体现着纯粹至高、正大光明的领袖风度。孔子说他"正而不谲"，真是说到了点子上。

齐桓公的"正"，说白了也简单寻常，就是他的处事，从根本上合乎了中国传统文化的精髓："中庸"，即凡事把握分寸，恰到好处，无过无不及。这种境界，看上去平凡，其实最高明，非功力深厚者所不能至也。用今天的话说，齐桓公的厉害，在于耍得一手"太极推手功夫"，核心不过是两个字——稳重。可如果细加体味，我们也不能不承认，这才是政治上的大智慧，战略上的大手笔。

齐桓公的成功，取决于他的稳重。正是由于生性稳重，他才善于权衡利弊，随机应变。这不是容易做到的事情，历史上有多少大人物，明明知道原先的计划和方法有问题，但或因为碍于面子，或因为心存侥幸，或因为赌气不服输，只得死顶硬撑，直弄到山穷水尽，无法挽回。然而齐桓公与他们不同，他懂得该撒手时就撒手的道理，一旦遇上问题或挫折，不仅能悬崖勒马，还能认真吸取教训，另辟蹊径，而不至于一条道走到黑，所以他成功了。

齐桓公刚登基时，也一样是雄心勃勃，血气方刚，勇于进取，老是想做一番惊天动地的伟业，早早确立起齐国的霸权。管仲谏阻他，告诉他时机并不成熟，"不可，甲兵未足"（《管子·中匡》）。可齐桓公全然当作耳边风，一意孤行按着自己的性情去做，满心以为中原霸主的宝座可以唾手而得。

然而，齐桓公的热情之火，很快便让一大盆冷水给浇灭了，在鲁庄公十年爆发的长勺之战中，"齐师败绩"（《左传·庄公十年》）。他引以为豪的强大齐军，居然让曹刿率领的鲁国兵马杀得丢盔弃甲，狼狈逃窜，真是败得窝囊透顶，无话可说。不过，正是这次出乎意料的惨败，使得齐桓公发热的头脑得以冷静下来，从而越发冷静透彻地复盘行动、权衡利弊：既然单纯的战争手段，连鲁国这样军力很一般的国家都摆不平，那么，想靠它去对付比鲁国强大十倍的楚国、比鲁军更能打仗的戎狄，还不是以卵击石、引火自焚吗？看来，称霸的目标不能单纯依赖战争来实现，而应该更多地运用政治、外交手段，伐谋、伐交、伐兵三管齐下，才是正道。齐桓公是这么想的，也是这么做的。他马上调整了自己的争霸战略方针，改急取冒进为稳重待机，变单凭武力为文武并举。而正是这种稳重的做法，才保证了他日后少走弯路，一步步走向自己事业的巅峰。

齐桓公的稳重，也表现在他善于正确判断形势，根据实际情况与对手做必要的妥协，进两步退一步，见好便收。战略是否成功，不在于它追求的利益有多少、设定的目标有多高，而关键看它实现的可能性有多大。如果脱离实际条件，脱离具体情况，那么，再好的战略方案也等于是望梅止渴、画饼充饥。所以，善于妥协，本身就是战略运筹中一门高明的艺术，是寻求战略利益的一个重要手段。这方面的驾轻就熟，得心应手，无疑是一位政治家高度成熟的突出标志。

齐桓公就是这样一位成熟的政治人物，公元前656年举行的召陵之盟，充分体现了他通过妥协的方式，实现有限却实在的战略利益的稳重政治风格。当时，楚国兵锋咄咄北上，成为中原诸侯的巨大威胁，所谓"南夷与北狄交，中国不绝若线"（《公羊传·僖公四年》）。在这种情况下，齐国连缩头乌龟都当不成：保护不了中原中小诸侯，任凭"南夷"四处横行，又有何颜面称为"霸主"？然而，如果心血来潮，孤注一掷，真的同楚国真刀真枪干上一仗，弄得两败俱伤，恐怕也不是正确的选择。最好的办法，是出面组织起一支多国部队，兵临楚国边境，给楚国施加巨大的政治、军事、外交压力，迫使其做出一定的让步。如此，既压制了楚国嚣张的气焰，安定了中原动荡的局面，又不必使自己陷入战争的深渊，付出过于沉重的代价。这叫作"全胜不斗，大兵不创"，"不战而屈人之兵"，是战略运用上的"善之善者也"。

于是，齐桓公与楚国方面便在召陵（今河南郾城东）地区联袂上演了一出妥协大戏，楚国承认了不向周天子进贡"苞茅"的过错，表示愿意承担服从"王室"的义务，算是多少做了让步，给了齐桓公所需要的脸面；而齐桓公也达到了警告楚国、阻遏其北进迅猛势头的有限战略目的，于是适可而止，见好就收。这种战略上不走极端，巧妙妥协的做法，可能会让习惯于唱"攘夷"高调的人觉得不够过瘾，可它恰恰是当时齐桓公唯一可行的正确选项。

齐桓公的稳重，更表现为他善于把握时机，算账算得十分精明，从不做赔本的买卖，总是用最小的投入，去换回最可观的利益。成本要低，回报要大，这是从事政治、军事斗争时必须遵循的基本原则，也是衡量任何战略决策高下得失的主要指标。"杀敌一千，自伤八百"，绝不是聪明人干的事情。战略利益是要争取，但要争得巧妙，争得自然，争得冠冕堂皇。否则便是弄巧成拙，落下话柄，留有后患。

齐桓公的高明，就是求稳、求全，善于借力，走间接路线。他让后人津津乐道的几件大事，如迁邢、存卫、救助周室等，都是投入甚少而收益甚大的合算买卖。譬如，他迁邢、存卫，并不是在邢国与卫国一遭到戎狄的攻击时，便立刻出兵援救，而是当局势明朗之后才展开行动，所以当齐兵姗姗来迟，抵达邢、卫时，邢、卫早已被戎狄所攻破，这样齐军就不必去同戎狄军队做正面交锋了，而只需要作点场面上的文章，收容一下邢、卫两国的难民，然后再予以安置抚恤便成了。如此一来，齐军无须损失一兵一卒的兵力，但却赢得了抗击戎狄、拯救危难的美誉，齐桓公本人也几乎成了人们的大救星，普天下感恩戴德，全社会讴歌颂扬，"邢迁如归，卫国忘亡"（《左传·闵公二年》）。这时的齐桓公岂止是"霸主"，简直是"圣人"了！这不能不教人佩服他的老谋深算，收放自如。春秋其他几个霸主同他一比，几乎是小巫见大巫，统统黯然失色。

正因为齐桓公处事稳重，深合中国文化中的"中庸"之道，所以，尽管他在霸业上的成就似乎不及晋文公、楚庄王，但在后世所得到的襃扬远远胜过其他霸主。几千年来，人们一提起齐桓公，总是想到他曾"一匡天下"，好像离了他，春秋这段历史就成了漫漫长夜，全是子弑父、臣弑君的一笔烂账。幸亏有了这位"九合诸侯，一匡天下，不以兵车"的人物，才给人以三分宽慰、三分希望。一个人物能以这个姿态名垂青史，不可不谓活出了十全十美的一生。

折冲樽俎：一场发生在召陵的外交博弈

众所周知，在齐桓公争霸事业的猎猎大旗上，鲜明地标示着两个口号：一是"尊王"，二是"攘夷"。其中，"攘夷"的主要内容，就是当仁不让地充当天下霸主，团结、联合中原诸侯列国，共同抗击以楚国为首的"蛮夷"对中原地区的进犯和侵凌。不能要求齐桓公等人拥有今天人们那种高尚的觉悟，懂得中华民族是一个大家庭的道理。在他们心里，"非我族类，其心必异"才是根深蒂固的观念，而所谓的"南夷与北狄交，中国不绝若线"，则是他们日益强烈地感受到的重大威胁。因此，齐桓公大张旗鼓号召"攘夷"，在当时乃是理有固宜，势所必然。只是这么一来，齐桓公及其麾下麇聚的华夏集团，也不得不与快速崛起、锋芒毕露的楚国迎头相撞，双方之间一场较量的发生成了大概率的事件。

齐桓公是一位雄才大略、深谋远虑的统治者，其得力辅弼管仲先生更是不世出的杰出人物。在整个"攘夷"战略的具体实施过程中，他们采取了先弱后强、先北后南、循序渐进、各个击破的策略步骤，即先击退北方戎狄的进犯，而后再集中力量对付南楚的北进。经过一段时间的努力，齐桓公君臣先后救燕、迁邢、存卫，解除了来自北方戎狄的直接威胁，基本稳定了中原北部的局势。在这种情况下，下一步，自然是要南下直击楚国，以求从根本上解决"攘夷"的问题。

楚国原先是一个远在荆蛮地区（今湖南、湖北二省及河南省南部）、无法"刷存在感"的蕞尔小国，"至于武、文，土不过同"，爵位很低，仅仅为子爵。连秦国都高它一等——人家还是伯爵呢。但是，穷则思变，越是底层，就越是不甘心永远沦落，反而有一股子挑战自我、战天斗地的劲儿。自楚武王、楚文王统治时期开始，楚国的发展就像"开了挂"一般，进入了弯道超车的新纪元。楚武王曾数次攻打位于汉水流域、实力臻于一流的随国，历尽艰辛，将其彻底征服。同时致力于在江汉地区开拓疆土，先后灭掉了权、罗、卢、贰等国。楚文王克绍箕裘，上台后更是快马加鞭，积极推进实现"不服周"的宏伟大业，并开始将其触角伸向中原地区，公元前684年，楚国攻打蔡国（今河南上蔡县），大败蔡师，逼迫蔡国倒向楚国。同时继续开展兼并江汉流域小国的活动，陆续剪灭申（今河南南阳东南）、邓（今湖北襄阳樊城区北）、息（今河南息县西南）等，横扫千军，大获全胜。

楚成王即位后，更是再接再厉，大大加快了北进的步伐，踌躇满志，逐鹿中原，顾盼自雄，睥睨天下。楚成王于公元前659年、公元前658年、公元前657年三次征伐郑国。郑国地处中原腹心地带，控扼中原南北的咽喉，楚国对它的攻击，自然而然地牵动了中原诸侯的神经，引起他们诚惶诚恐的不安和歇斯底里的愤慨。身为霸主的齐国，这时候也不好意思继续装聋作哑了，只好站出来做个姿态，准备和楚国比试一番。一时间，形格势禁。召陵之盟，就是在这种背景下上演的一幕军事外交大博弈。

公元前656年，齐桓公牵头，联合鲁、宋、郑、陈、卫、许、曹诸国，组成联军，声势浩大，气焰嚣张，前去攻打已依附楚国的蔡国，"齐侯以诸侯之师侵蔡"（《左传·僖公四年》）。蔡国兵寡将微，哪里是"八国联军"的对手，"蔡溃"（《左传·僖公四年》），很快土崩瓦解，一败涂地！齐桓公指挥下的"八国联军"征伐蔡国，只是一个幌子。醉翁之意不在酒，他们的真实目标是楚国。于是齐桓公趁着灭蔡的气势，顺水推舟，统率大军继续南下，兵锋锐利，直抵楚国边境地区，"遂伐楚"（《左传·僖公四年》）。军情紧急，楚成王一边组织军队实施防御，一边火速派遣使臣屈完前往联军大营进行谈判。

屈完在谈判桌上，先声夺人，反客为主，率先用娴熟的外交辞令责问齐国为何仗着己方人多势众，统兵侵入楚国境内："两国远隔千里，本该是井水不犯河水，可是，如今你们名不正言不顺，气势汹汹打上门来，这是不是做得太过头了？真正是岂有此理，一点公德都没有，太差劲了！""君处北海，寡人处南海，唯是风马牛不相及也。不虞君之涉吾地也，何故？"（《左传·僖公四年》）

齐桓公的相国管仲也不是等闲之辈，他是十分成熟的政治家和战略家，老谋深算，算无遗策，玩起外交辞令来，同样是炉火纯青，滴水不漏，出神入化。管仲先是拿历史说事，说明从西周建立以来，齐国诸侯之长的身份就由周王室所承认，周天子不仅授予齐国国君代表周王室施行征讨不臣之诸侯的权力，同时还明确了征伐大权施行的范围。因此，齐国所拥有的征伐大权，其合法性与神圣性乃是无可置疑的。如今，齐桓公统率联军讨伐楚国，这是天经地义之举，你们楚国上下不仅无权讨价还价，更不可妨碍我们执行公务。"管仲对曰：'昔召康公命我先君大公曰，五侯九伯，女实征之，以夹辅周室。赐我先君履，东至于海，西至于河，南至于穆陵，北至于无棣。'"（《左传·僖公四年》）这是我们执法的法理依据和基本条件。至于之所以千里迢迢，长途跋涉前来执法，那是你们楚国做的事太逾矩违规，应该为此付出代价。概括起来讲，楚国的问题主要有两个，它们都涉嫌违法犯罪，必须追究到底：第一项，是没有按时进贡在祭祀场合上用于过滤酒水的苞茅；第二项，是当年周昭王南巡结束后，经汉水返回镐京途中，突然人间蒸发，杳无音讯了，这是发生在你们楚国地盘上的诡异事件，你们恐怕是摆脱不了干系吧？这两件事情，可是非同小可，咱们齐桓公作为天下诸侯的领袖，理所当然要加以关注和过问，搞清原委，追究责任，明正典刑。"尔贡苞茅不入，王祭不共，无以缩酒，寡人是徵。昭王南征而不复，寡人是问。"（《左传·僖公四年》）

屈完不愧为高明的外交使臣，沉着冷静，临危不乱，听了管仲安在楚国头上的两大罪状，他审时度势，避重就轻，四两拨千斤，举重若轻地化解了压力，卸下了包袱："贡之不入，寡君之罪也，敢不共给？昭王之不复，君其问诸水滨。"(《左传·僖公四年》)这是典型的选择性认账，用杨伯峻先生的话来说，是"贡不入，罪小，故认改。昭王不复，罪大，故推诿。"这真是十分娴熟高超的外交斗争技巧，刚柔相济，收放自如，滴水不漏，牢牢把握住了斗争主动权，让管仲这样的政坛巨擘也无计可施，只好甘拜下风。

"不战而屈人之兵"，这是齐桓公、管仲等人从事争霸战争所秉持的基本理念，也是齐国维系自身霸主地位的诸般努力之显著特色。面对屈完这样外圆内方、不卑不亢的外交姿态，齐桓公等人也只能相应调整自己的立场，稍稍降低战略目标上的期望值了。现在，楚国方面既然已经表示愿意承担"贡苞茅"的义务，表面上做了一定的让步，给了齐国这个霸主一些面子，那么，后者再纠缠下去，并不见得会是好事，夜长梦多，变卦无穷，搏两兔，不得一兔。与其仗势欺人，狮子大开口，不如拿捏分寸，见好就收。于是，中原八国决定在战略上做明智的妥协，建立起必要的护栏，适可而止，防止双方关系彻底失控。为此，齐桓公适当地调整了自己的姿态，放低身段，以示缓和的气氛，下令诸侯联军稍稍撤退，暂时驻扎在召陵（今河南郾城东），表示自己一方没有将楚国逼迫到墙角的企图，为双方的进一步和谈，营造出良好的氛围。

不过，说到底，齐桓公对自己退而求其次的做法，骨子里是觉得很憋屈的，心有不甘，在所难免。所以，他还是想做最后的努力，逼迫楚国方面做出更多的让步。说白了，齐桓公辛辛苦苦，带领八国联军鞍马劳顿奔波一场，除了想获得明面上的尊重之外，还希望赢得实质性的利益，一句话，就是面子里子都想要。所以，他趁着屈完再次出使联军大本营的时候，搞了一次隆重的"观兵"检阅仪式：将联军中的精锐部队排列成军容严整、气宇轩昂的战车方阵，然后邀请屈完和自己同乘一辆战车进行检阅，"齐侯陈诸侯之师，与屈完乘而观之"（《左传·僖公四年》）。

检阅过程中，齐桓公望着眼前的威武雄壮之师，感觉自己底气十足，禁不住踌躇满志。他软硬兼施，话中有话地同屈完说，诸侯们如此兴师动众，可不是为了哄我这个齐国国君开心，而是希望将我们先人缔造的友谊延续下去，光大发扬，你们楚国愿不愿意加入进来，共同分享这个优良的传统？"岂不穀是为？先君之好是继，与不穀同好如何？"（《左传·僖公四年》）屈完胸有成竹，只要不损害楚国的根本利益，场面上尽可以让齐桓公占有面子，满足一下他的虚荣心，于是乎，他就虚与委蛇，装出唯唯诺诺的样子，表示欢迎诸侯的领袖齐桓公大驾光临，感谢齐桓公的关怀和鼓励，举双手赞同齐桓公的建议，"君惠徼福于敝邑之社稷，辱收寡君，寡君之愿也。"（《左传·僖公四年》）

齐桓公却把屈完的"客气"当作自己的"福气"了，自我感觉越来越良好，优越感更加膨胀。软话过招后，该放硬话了，他得意忘形，一边指点战车方阵，一边直接威胁屈完："以此众战，谁能御之？以此攻城，何城不克？"（《左传·僖公四年》）

可是他忘了他的对象是谁了，那可是屈完，人家大风大浪可见得多了，被人一句话吓倒才不正常。面对齐桓公咄咄逼人的威胁，屈完根本不为所动，显得十分淡定从容，几句柔中带刚，绵里藏针的话，风轻云淡，轻描淡写，就将齐桓公的皮球给踢了回去，让齐桓公碰上钉子，撞上南墙，"*君若以德绥诸侯，谁敢不服？君若以力，楚国方城以为城，汉水以为池，虽众，无所用之*"（《左传·僖公四年》）。显而易见，在召陵这场军事外交大博弈的过程中，屈完的整体表现，是要胜过当时的天下霸主齐桓公和一代名相管夷吾的。

虽说在与屈完较劲之时，齐桓公等人并没有能够占据上风，多少有点儿扫兴，但是，也不宜说他们是打了外交上的败仗。因为从根本上考察，他们还是实现了既定的战略目标。当时，联军的伐楚之举，就本意而言，无非是想借此敲打楚国一下，阻扼其北进的迅猛势头，而并非真正企冀与楚军进行战略决战。视察和检阅联军战车方阵之后，双方都重新回到冷峻的现实之中，齐桓公遂代表八国诸侯，和楚国方面在召陵举行隆重正式的会盟，这场看上去剑拔弩张、一触即发的战争危机，就此被卸掉了引信。

毫无疑问，召陵之盟是齐、楚双方在军事实力上基本势均力敌的前提下，博弈并最终进行妥协的结果。从现象上来看，齐国在战略上稍具优势，略占上风，它虽然没有能够真正折服楚国，使其彻底放弃自己的扩张兼并活动，但至少暂时缓解了楚国向北挺进的凶猛势头。从这个意义上说，发起八国联军征伐楚国，举行召陵之盟，应该是齐桓公争霸事业上的一笔功绩。不过另一方面，屈完军事外交上的收放自如，飘逸洒脱，的确让齐桓公、管仲等人野心未遂，甘拜下风。毫无疑问，屈完才是这场不见硝烟的军事外交斗争中的真正主角，他的超越，他的潇洒，他的敬业，两千多年之后，依然风姿不减，魅力更胜，令人钦仰有加，悠然神往。

沉冤的洗刷：管仲"不知礼"的真相

　　历史人物是历史舞台上的主角，是历史聚光灯照耀的中心点。如果说，在历史这个有机结构当中，可以将历史事件比喻为骨，历史文化比喻为血，那么，历史人物毫无疑问是肉。骨架使人得以成形，血液教人得以鲜活，而肉体则赋予人以具体的形象。

　　管仲当然是重要的历史人物。在许多人的印象里，管仲在春秋政治史上颇有作为，历史贡献巨大。然而，其道德上并非没有瑕疵，其中很重要的一点，是他对传统的礼制缺乏足够的敬畏，所作所为常有逾越礼制的地方，换言之就是"不知礼"。这种印象，究其渊源，乃是孔老夫子的描述造成的影响。

　　翻开《论语》一书，我们可以看到孔子有不少关于管仲的评价。一方面，孔子对管仲推崇备至，赞颂有加，他充分肯定管仲辅佐齐桓公"九合诸侯，一匡天下"之历史功勋，感叹若无管仲力挽狂澜，华夏文明将会灰飞烟灭、荡然无存："微管仲，吾其被发左衽矣"（《论语·宪问》）；盛赞管仲"如其仁，如其仁"

（《论语·宪问》）。另一方面，孔子对管仲也不无微词，甚至多有贬斥，如批评"管仲之器小哉"（《论语·八佾》），指摘管仲贪货敛财，道德有阙；对管仲轻慢和逾越礼制的一些做法，孔子更是严厉斥责，不假辞色。孔子这样做，我们在今天也是可以理解的：他作为"周礼"文化的坚守者，只认定"克己复礼为仁"的理想宗旨，对违礼的人与事，自然要给予批判。即使对象是管仲这样的大贤者，也不能有什么例外。《论语·八佾》的评论就很典型："然则管仲知礼乎？"曰："邦君树塞门，管氏亦树塞门；邦君为两君之好，有反坫，管氏亦有反坫。管氏而知礼，孰不知礼？"意思是说，有人询问孔子："管仲他懂得礼数吗？"孔子回答说："国君修筑了一道塞门，管仲也修筑了一道塞门。国君出于同别国国君友好的目的，设置了招待别国君主时用来置放空酒杯的'反坫'，管仲也设置了'反坫'。连管仲这种人也算懂礼数，那么，还有谁不懂礼数呢？"这样的抨击，不可不谓相当地尖锐且直接。

应该说，就孔子的立场而言，他有关管仲的评价，都力求全面与均衡，其基本宗旨是为了努力做到道德评价与历史评价的辩证统一。具体地讲，孔子之批评管仲，乃是就道德层面发论；而孔子之所以肯定管仲，则是就历史层面定位。在孔子心目中，这两者是并行不悖，互为补充的，从而使历史人物形象在公德与私德的矛盾对立中实现某种程度上的和谐统一。

问题是，孔子对管仲"不知礼"的定性，是不是真正公允？也许，管仲"树塞门""反坫"的确是事实，但是从根本上看，他在更重要的原则问题上应该说是坚定地"知礼"和"守礼"的。孔子不是说"大德不逾闲,小德出入可也"(《论语·子张》)吗?很显然,给管仲简单扣上"不知礼"的帽子,是有失偏颇的。

而能够给管仲洗刷"不知礼"冤屈的,是《左传·僖公十二年》中的一段记载。

那一年的冬天,齐桓公委派管仲代表自己赴洛邑朝觐周襄王,向周襄王报告平定戎狄侵扰的结果。"冬,齐侯使管夷吾平戎于王。"周襄王听了管仲的汇报,当然很开心,很欣慰,为了感谢齐国高举"尊王攘夷"的旗帜,在匡扶王室的事业上所做出的杰出贡献,周襄王准备打破常规,以隆重的"上卿之礼"设盛宴款待管仲,"王以上卿之礼飨管仲"。

不过,管仲这时候并没有踌躇满志,忘乎所以,让这份殊荣冲昏自己的头脑,他非常清醒,恪守礼制,忙不迭地辞谢周襄王的盛情厚意:万万不可,臣下我是一个身份低下的办事大臣而已,官爵上只是下卿。我们齐国的上卿乃是天子您任命的国氏和高氏这两位。如果我逾制享受了上卿之礼,那么,等到每年正常的春秋朝觐时节,国氏、高氏这两位上卿来谒见天子之时,天子您届时又该拿什么来礼遇他们?因此,我今天是绝对不敢逾越礼制,接受天子您所赐予的"上卿之礼"的。"臣,贱有司也。有天子之二守国、高在,若节春秋来承王命,何以礼焉?陪臣敢辞!"

周襄王听了管仲的婉谢之辞,心里更是增添了几分喜爱和器重,他才不管什么"礼制"呢,我天子就是所谓"礼制"的最后决定者，我说合"礼"就是合"礼"，你管仲越是谦让，我就越是要破格优待你。于是，他就进一步申述了之所以要以"上卿之礼"款待管仲的理由：寡人赞赏你的功勋，钦佩你的美德，对你所做的杰出贡献永志不忘，就是要用上卿之礼厚待你，以此来表达寡人我的诚挚心意。你要体谅，切莫违反我的命令。"舅氏，余嘉乃勋，应乃懿德，谓督不忘。往践乃职，无逆朕命！"

尽管周襄王已经把话说到了这份上，可管仲还是咬紧牙关不放松，谢绝周襄王恩赐"上卿之礼"的决心丝毫没有动摇。到了最后，周襄王也彻底没辙了，只好收回成命，改用"下卿之礼"款待管仲："管仲受下卿之礼而还。"

《左传》的作者十分赞赏管仲辞让周天子赐予"上卿之礼"的做法，认为这是管仲去世后其子孙之所以能够平安无事，甚至世代安享荣华富贵的重要原因，即所谓"积善之家，必有余庆"，"君子曰：'管氏之世祀也宜哉！让不忘其上。'"据《史记·管仲列传》裴骃"索隐"引《世本》的记载，管仲身后至少有整整十世的谱系清晰有序；而《左传》中"成公十一年"所提到的"管于奚"，"哀公十六年"所载录的"管修"，等等，也都为管仲的后裔。由此可见，在后人的眼里，管仲"不受上卿之礼"这样的"守礼"之举，属于功德无量、福泽子孙的最大善举，它让管氏一族奇迹般地摆脱了"君子之泽，五世而斩"的历史宿命，同时，也让管子"不知礼"的沉冤得到洗刷，还给管仲一个应有的清白。

贵族优雅精神的绝唱：宋襄公之死

在漫无尽头的历史长河中，有两类人经常扮演悲剧的角色，具有象征性的意义。

一类是时代的开启者，即那些见微知著，走在滚滚历史潮流的最前列，比一般人先认准方向、迈出步伐的前驱者。就好像别人才刚刚端起枪进行瞄准，他却已经扣动扳机，把子弹先射了出去。这类人的下场往往很悲惨，总是成为历史祭坛上的牺牲品。中国古代历史上的商鞅、吴起，近代历史上的谭嗣同、徐锡麟、秋瑾，就是这类人的代表。

另一类则是时代的终结者，即那些身子已进入了新社会，可脑袋仍旧留在旧世纪，似堂吉诃德那样，始终奉行和守卫传统的思想意识、行为准则、价值取向，尽一切力量抵御着时尚的冲击、新潮的洗礼的迂阔者。他们的结局同样不那么美妙，一生崎岖坎坷或身首异处姑且不说，更倒霉的是还往往做了后世众多聪明人（或自以为是的聪明人）的笑柄，受嘲讽、遭奚落，千百年过去依然灰头土脸，翻不过身来，就像越剧《泪洒相思地》所唱的那样，"一失足成千古恨，若要回头百年长"。有匿氏、宋襄公、王莽、殷仲堪等，算得上是这类人的典型。

春秋时期宋国君主宋襄公实在很不幸，他虽然有幸挤入"春秋五霸"的行列，可留给后人的第一印象，却是人生中的一大败笔：不知天高地厚，在泓水之战中同楚国雄师打上一仗，结果一败涂地，惨不忍睹。换句话说，宋襄公之所以能史书留名，没有其他的特殊原因，就是因为他曾经在历史上扮演过一回丑角，闹出过一通匪夷所思的笑话。"心比天高，命比纸薄"。

且说公元前 643 年，赫赫有名的"春秋五霸"之首齐桓公寿终正寝、驾鹤西去了。他这一死可了不得，刹那间里里外外都没了辙、乱了套：齐国内部当即爆发五王夺嫡的大火并，你一刀我一剑，杀得昏天黑地。称霸中原几十年的泱泱大国经过这么一番折腾，形象变坏，国力转衰，霸业也随之成为明日黄花。

更要命的是，齐桓公之死还使天下局势严重震荡，彻底颠覆了当时的"国际"战略格局，使得中原诸侯陷入群龙无首的混乱状态，成为一盘散沙。西方的秦国和北方的晋国虽然也兵强马壮，实力可观，但由于两者正致力于整合内部和在黄河上游拓展势力，暂时还不能腾出手来，打逐鹿中原、问鼎天下的主意。这样一来，召陵之盟后一直让齐桓公按捺住脑袋的南方强国——楚国，便重新萌生野心，蠢蠢欲动，企图乘机挥师北进，入主中原，将霸权抢夺到自己的手里。

在中原列国的眼睛里，南方地区的楚国乃是一不开化的"蛮夷之邦"，如今它要大举北进，发号施令，按"内中国而外诸夏、内诸夏而外夷狄"原则衡量，这自然是天大的灾难，即所谓"鸠占鹊巢""以夷变夏"。对此，北方诸国忐忑不安，愤愤不平，可又束手无策，徒呼奈何！在这样的背景之下，一贯自我标榜"礼义仁信"、感觉十分良好的宋襄公便要粉墨登场了。他的企图说白了也简单，就是想凭借宋为公国、爵位最尊的地位，以及曾经践行齐桓公临终嘱咐，统率诸侯之师平定齐国内乱的余威，潇洒亮相，招摇登场，出面领导中原诸侯抵抗楚国势力的北上，坐一坐齐桓公留下的那把霸主交椅，并进而伺机恢复殷商的故业。

俗话说，"满桶水不晃，半桶水乱晃"。的确，人性中的普遍弱点之一是容易自满，做井底之蛙，缺乏自知之明，稍有成绩便忘乎所以，全然忘记了"山外有山，天外有天"这层道理。良好的愿望是一回事，至于它能否实现则又是另一回事。

事实上，在当时宋襄公要想称霸，是困难重重，希望渺茫，甚至可以说是水中月、镜中花。这首先是由于宋国的综合实力远远不如楚国。众所周知，实力乃是争霸的先决条件，所谓"胜兵若以镒称铢，败兵若以铢称镒"，只有先"立于不败之地"，方能够"不失敌之败也"，古今中外，一概如此。

其次是宋国地处中原腹心，为四战之地，四面都是一马平川，无高山大河作为天然屏障，打起仗来易攻难守，多线受敌，地理环境十分地不利。

再次是宋襄公本人水准不高。宋襄公虽有仁厚的名声，如早年愿让王位给庶兄；信守和践履齐桓公之托，奉立齐孝公即位；等等。但毕竟器局有限，能力薄弱。更何况在争霸的过程中还屡屡犯下政治、外交上的低级错误，譬如"宋公使邾文公用鄫子于次睢之社"(《左传·僖公十九年》)，无辜诛杀鄫君，轻率攻打曹国等等，害得中原诸侯对宋国离心离德，渐行渐远。

所以说，宋襄公蛇吞大象、不自量力的做法，属于典型的"无实事求是之心，有哗众取宠之意"而已，只能置自己于非常被动的困境。当年，楚国对齐桓公是力不从心，无可奈何，但此时此刻，其对付宋襄公却是游刃有余，稳操胜券。所以，楚国处心积虑要教训宋襄公，让他搞清楚自己究竟几斤几两，令其颜面尽失，并借此杀鸡儆猴，给其他中原诸侯一个下马威。这种国家发展过程中核心利益的冲突，最终导致了泓水之战的爆发。

宋襄公一心一意想圆自己的霸主美梦，然而毕竟国力有限，捉襟见肘。他拿不出别的像样高招，只能依样画葫芦，简单模仿当年齐桓公的做法，擎举起"仁义"这个法宝，拉扯开"礼信"这杆大旗，打"人格魅力"的牌。为此，他多次登台作秀，召集诸侯举行盟会，借以制造声势，抬高自己的身价。遗憾的是，他玩的这套把戏，实在表演得相当拙劣，让人不敢恭维。不仅遭到诸多小国的冷遇，无人捧场；更受到楚国君臣的算计，左支右绌，进退维谷。这叫人想起一句俗语，"命中只合八升，累死不满一斗"。

在周襄王十三年(公元前639年)秋天举行的宋地盂邑(今河南睢县西北)盟会上，宋襄公对楚国的战略动向茫然无知，又一口拒绝公子目夷(宋襄公之庶兄)提出的多带战车、以防不测的合理建议，兴冲冲地轻车简从前往出席(不坐"装甲车"而乘坐"卡迪拉克轿车")，结果在盟会上话不投机，就被"不讲武德"的楚成王手下的武装侍从生擒活捉，中了算计。

"楚执宋公以伐宋"（《左传·僖公二十一年》），楚军押着沦为阶下囚的宋襄公，乘势攻打宋国都城睢阳（今河南商丘一带），幸亏有公子目夷等人率领宋国军民殊死抵抗，才挫败了楚军速战速决的战略企图。楚成王后来也觉得留着宋襄公这个窝囊废没有太大的价值，反而要管吃管喝增添自己的负担，于是就让鲁僖公做和事佬，出面居中调停，做个顺水人情，在同年冬天的薄地盟会上，"会于薄以释之"（《左传·僖公二十一年》），将饱受屈辱的宋襄公释放回国。

宋襄公遭此一番奇耻大辱，真是七窍生烟，气不打一处来。他既痛恨楚成王不守信义，出尔反尔；更愤慨其他诸侯国见风使舵，落井下石。因此连夜里睡觉做梦也想着怎样寻找机会报仇雪恨。他自知军力上疲乏无力，根本不是楚国的对手，暂时不敢主动去摸这个烫手的山芋，而是先把一肚子闷气发泄在带头向楚国套近乎、卖姿色的郑国头上，决定兴师讨伐它，以显示一下自己的威风，捞回自己曾做楚军囚俘的面子。中国人自古最爱面子，对许多人来说，虚的面子比实的里子更为重要，宋襄公当然也不例外。

宋国大司马公孙固和宋襄公的异母兄长公子目夷都是头脑比较清醒的人。他们都懂得"打狗要看主人面"的道理，认为在当下微妙、复杂的国际形势面前，贸然出兵攻打郑国会引起无法化解的"国际"纠纷，导致楚国出兵干涉，使得宋国走向真正失败的深渊。所以异口同声劝阻宋襄公头脑冷静，千万不可逞一时之快而一味蛮干。可是自视甚高、刚愎自用的宋襄公正处于热血上头的状态，哪里听得进这一番逆耳忠言，反而振振有词地为自己的所作所为诡辩，找歪理：假如老天爷尚不嫌弃我的话，殷商的故业还是可以得到复兴的。

问题既然已经上纲上线，提到了原则的高度，若再反对便有了"阶级异己""里通外国"的嫌疑，只会自讨没趣，所以公孙固等人只得闭上嘴巴，保持缄默。

"盲人骑瞎马，夜半临深池"，宋襄公一意孤行朝前走，联合卫、滕、许三小国之君，领着兵马去攻打郑国。郑文公闻报宋国兵马大举掩杀过来，心里倒也并不怎么惧怕，反正有强大的楚国做着自己的靠山，撑着自己的腰杆，宋襄公又能奈我如何！于是他派遣使节昼夜兼程奔赴楚国求讨救兵，果然请动了楚成王的大驾。楚国雄师浩浩荡荡向北开进，直扑宋国边境，援救落难中的郑国。宋襄公得到这个消息，一下子就愣住了，张开的嘴巴半天也没有合拢，缓过气来，意识到自己捅了马蜂窝，惹了大麻烦，情急之下，无奈急急忙忙从郑国前线撤出自己的部队。

周襄王十四年（公元前638年）十月底，宋军主力返抵宋国本土。可是这时的楚军却不依不饶，仍然在陈国境内向宋国挺进的途中。面对楚军咄咄逼人的嚣张气焰，这一回宋襄公准备豁出去了，决心将楚军拒之于国门以外，以维护国家的最后尊严。为此，他屯驻主力于泓水（涡河的支流，经今河南商丘、柘城间东南流）以北，"以近待远，以佚待劳，以饱待饥"，等待楚军送上门来。

十一月初一日，得势不饶人、有劲不讲理的楚军开进到了泓水南岸，稍事休整，就开始涉水渡河。这时宋军早已布列好了阵势，长戟在手，弓箭上弦，可以随时主动出击，"致人而不致于人"。宋国大司马公孙固鉴于楚、宋两军众寡悬殊，但宋军已占先机的实际情况，建议宋襄公放下君子的架子，做一回小人，把握战机，趁楚军渡河一半时予以打击，使其"前后不相及，众寡不相恃，贵贱不相救，上下不相收，卒离而不集，兵合而不齐"，寻些好处，占个便宜，"彼众我寡，及其未既济也，请击之"（《左传·僖公二十二年》）。但是却被宋襄公断然拒绝了，"不可"，哪里有这样的道理呀？当敌人正在过河时打过去，岂非落井下石，乘人之危，还算得上是讲仁义的军队吗？结果使得楚国得以舒舒服服全部渡过泓水。

楚军方面可不含糊，渡河一毕便转入下一个程序，开始布列阵势，摩拳擦掌。这时，公孙固又奉劝宋襄公改弦更张，乘楚军列阵未毕、行列未定之际发起攻击。宋襄公表示，在他看来这样真的太不讲道义了，太不君子了！人家队伍还没有排好，怎么可以打呢！"未可"，寥寥两个字，活灵活现刻画出宋襄公迂腐无能的形象。

"既陈而后击之"（《左传·僖公二十二年》），一直等到楚军布阵完毕，一切准备就绪之后，宋襄公这才一本正经敲击战鼓，与楚军同时发起进攻。可是，这时候一切都已经晚了，楚国的兵马张牙舞爪，凶神恶煞，洪水决堤似的直涌过来，宋国讲"仁义"、道"礼信"的军队怎么也抵挡不住，望风披靡，节节败退。

一阵激烈的厮杀下来，弱小的宋军丢盔弃甲、大败亏输，"宋师败绩，公伤股，门官歼焉"（《左传·僖公二十二年》），宋襄公本人的大腿也受了重伤，其精锐的禁卫军（门官）一个也不曾逃脱，悉数成了楚军的刀下之鬼。只是在公子目夷等人的拼死掩护之下，宋襄公才捡回一条小命，好不容易突出重围，狼狈不堪逃窜回都城。宋襄公一手挑起的泓水之战，就这样在滑稽的场景中画上了句号。

泓水之战后，宋国的众多大臣目睹丧师辱国的惨象，不免心理失衡，牢骚满腹，异口同声埋怨宋襄公顾及面子、假仁假义，而导致损兵折将，一蹶不振，"国人皆咎公"（《左传·僖公二十二年》）。可是宋襄公本人却很不服气，还在那里振振有词，替自己的仁道精神、贵族雅量进行辩解，开脱责任："君子不重伤，不禽二毛，古之为军也，不以阻隘也。寡人虽亡国之馀，不鼓不成列。"（《左传·僖公二十二年》）意思是说：用兵打仗嘛，根本要义是追求"仁义"、申明"礼信"，所以，君子不伤害已经受了伤的敌人，不捕捉那些头发花白的老兵，不阻遏敌人于险隘行动不便地带来取胜，不主动攻打那些还没有摆列好阵势的敌人。

总而言之，一切都要讲究"仁义""礼信"，一切都要做到文质彬彬，可见宋襄公本人对贵族精神的崇尚和执着之坚定性。到了第二年的夏天，宋襄公终因大腿伤势过重，带着满脑子"仁义""礼信"的"军礼"原则和"不鼓不成列"之类的用兵教条去见他的先公先王了，"夏五月，宋襄公卒，伤于泓故也"（《左传·僖公二十三年》)。他争当诸侯霸主的勃勃雄心、干云豪气，也仿佛昙花一现，就此烟消云散、杳无影踪了。

泓水之战的规模虽然不是很大，但是在中国古代战争发展史上却具有划时代的意义；宋襄公虽然算不得炙手可热的风流人物，却在新旧社会交替中具有象征性的价值。它标志着商周以来的"成列而鼓"为基本特色的"礼义之兵"正式退出历史舞台，新型的以"诡诈奇谲"为主导的作战方式正在全面崛起，也标志着崇尚贵族精神的宋襄公等君子日子越来越不好过，而像孙武这类擅长诡诈奇谋的人正日见红火，左右逢源。于是，宋襄公作为战争舞台上的完败者，让后世讥笑了数千年，甚至被当代一位伟人斥为"蠢猪式的仁义"。而提倡"兵者诡道"，主张"兵以诈立，以利动，以分合为变"的孙武子，则因其五战入郢大破楚军的业绩和"北威齐、晋，南服越人"的杰出功勋，加上撰著兵学圣典《孙子兵法》而被尊奉为"百世兵家之师"，扬名千秋，笑傲青史。

不过，如果抛开单纯功利得失的因素，从更深的层次考察，我们可以发现，那个倒霉蛋宋襄公并不是那么一无是处，甚至不乏闪光点，令人理解且敬重。

老子有云："有无相生，难易相成，长短相形，高下相倾，音声相和，前后相随。"矛盾的对立统一是事物存在与发展的本质属性，一切都是通过相互对立、相互比较而得以体现、得以存在的，彼此之间并无绝对的标准，即常言所谓的"尺有所短，寸有所长"。评价事物离不开一定的时空条件，应该"知人论世"，抱有同情之理解，按这个逻辑来看待宋襄公在泓水之战中的所作所为，可知他这么做，其实并非他本人心血来潮，视战争如儿戏，而是他努力保持正人君子尊严的举动，恪守战争基本规则约束的选择。

所谓游戏有规则，道德有底线，在当时，这个规则就是"军礼"；这个底线就是"仁义"，"以礼为固，以仁为胜"，就是体现"军礼"文化基本要求的《司马法》所强调的：战争活动的基本宗旨是"征伐以讨其不义"；用兵打仗应该"正而不诈"，即在作战方式上贵"偏战而贱"诈战，"偏，一面也。结日定地，各居一面，鸣鼓而战，不相诈"。大家都在战场上充当温文尔雅的君子，做到堂堂正正，光明磊落，不玩偷鸡摸狗、坑蒙拐骗等上不得台面的伎俩，"徒不趋，车不驰"，"逐奔不远，纵绥不及"，"逐奔不过百步，纵绥不及三舍"，"成列而鼓，是以明其信也"；战争的程度和范围应该受到必要的限制，"不加丧，不因凶"，绝不允许无节制地使用暴力；战争的善后要以"服而舍人"为目标，"又能舍服，是以明其勇也"，"既诛有罪，王及诸侯修正其国，举贤立明，正复厥职"，让对方有继续操盘的空间。这种"军礼"传统，曾延续了数百年，这就是《汉书·艺文志·兵书略》所称的："下及汤武受命，以师克乱而济百姓，动之以仁义，行之以礼让，《司马法》是其遗事也。"

但是，世上没有一成不变的事物，"军礼"传统的命运亦复如此。随着整个社会条件的改变，军事领域的"军礼"原则开始面临严峻的挑战，"兵以诈立，以利动，以分合为变"（《孙子兵法·军争篇》），"合于利而动，不合于利而止"（《孙子兵法·火攻篇》),光荣的礼乐精神在许多人眼里显得有些不合时宜,而优雅的贵族风度更被不少急功近利的人看作是累赘,唯恐去之不及。宋襄公所处的时代,正是这种新旧格局嬗递的关键阶段,在"礼义之兵"老态龙钟、渐走下坡路之际,"诡诈之兵"却是呼之欲出,独擅胜场了:"自春秋至于战国,出奇设伏,变诈之兵并作"(《汉书·艺文志·兵书略》)。

宋襄公的悲剧是在这新旧遽变的大势面前,反应过于迟钝,脑筋太不开窍。换言之,他受礼乐文明熏陶太久,中毒太深,当别人纷纷识时务赶弄新潮的时候,他还要恪守心中的道义,维护贵族的尊严。宋襄公最讨厌、最轻蔑的,就是美其名曰"与时俱进"式的势利,"识时务者为俊杰"式的庸俗。因此,他还要在战争指导上坚持"军礼"传统的诉求,怀抱"君子不重伤,不禽二毛""不以阻隘""不鼓不成列"等兵法原则不放,祭起"仁义"这个法宝,打出"礼信"这杆大旗,表现出君子之风,而与"兵者诡道""兵不厌诈"的潮流做殊死的抗衡。

在大家不以小人为耻、竞相效仿小人、努力转变为小人的氛围之下,贵族精神就被弃之若敝屣了。作为君子,这种时候总是孤独的,而且也总是失败的。因此,《淮南子·氾论训》以调侃的笔调道出了对坚守精神家园、维护贵族风范做法的基本态度,这也许可以看成是当时主流的舆情:"古之伐国,不杀黄口,不获二毛,于古为义,于今为笑。古之所以为荣者,今之所以为辱也!"

宋襄公的行为是悲壮的,但他的结局只能是悲惨的,不过令人钦佩的是，他本人却并不因自己的所作所为有丝毫的后悔，而始终对自己的君子之风、贵族之德怀有自豪之情。在他看来，打败仗是小事，若是为了争一时之胜而用卑鄙阴损的手段，玩起"瞒天过海""借刀杀人"等一类的伎俩，那才是彻头彻尾的失败，才是真正面子与里子都输个精光的事情。所以，不行仁，最可悲；不守礼，毋宁死。为了这个崇高的理想，他走向了死亡，同时一道死去的，还有优雅的贵族精神、高尚的君子风尚。

宋襄公泓水之败以及随后的死亡，在中国历史上具有象征性的意义，而且深层次影响着中国人的思维特征与行为方式。"成者王侯，败者寇"成了人们衡量价值的基本尺度，所以，只要能够达到目的，就可以无所顾忌不择手段，丧失了是非之心、敬畏之心、感恩之心，只拥有功利之心。于是乎，道德失去底线，游戏没了规则，便成了司空见惯的现象。脸皮越来越厚，心肠越来越黑，手段越来越毒，不但不感到羞耻，反而沾沾自喜，引以为荣。"争城以战，杀人盈城；争地以战，杀人盈野"，都成了常态；坑蒙拐骗，无所不用其极，也变作成功的条件。君子之风日去，小人之气日长。有的只是"三十六计"式的暗算，所有人都忘却了，在绝对的功利之上还有一个绝对的道德。

这种风气的弥漫与持续，原因自然很多，但宋襄公的命运及其影响则是其中不可忽略的原因。从这个意义上说，宋襄公之死就不仅仅是他个人的悲剧，而且也是中国历史上一切想做君子而不得之人共同的不幸！

缘木求鱼的折腾：秦穆公的战略短见

"春秋五霸"，名头响亮，可究竟是哪五位霸主，历来言人人殊。其中比较通行的名单有两份：一说是指齐桓公、宋襄公、晋文公、秦穆公、楚庄王；另一说是指齐桓公、晋文公、楚庄王、吴王阖闾、越王勾践。而在这两说之中，似乎又以前者为更多人认可。

虽说都是霸主，但是，这五人的"分量"——其霸业成就及影响却不可同日而语。齐桓公、晋文公、楚庄王可以算是一个档次，他们号称霸主，当属名副其实。而宋襄公被列为五霸之一却颇有些不伦不类。他的高雅贵族风度，固然让人肃然起敬，可他的所谓"霸业"，则难免叫人啼笑皆非。世俗是势利的，只以成败论英雄，泓水一仗，宋襄公大败亏输，出尽洋相，以至于成为千百载来芸芸众生挖苦嘲讽的对象。如果靠这种表演都能跻身于五霸的行列，那多少有些滑稽、有些荒诞。宋襄公要是泉下有知，恐怕也会喜出望外、受宠若惊了。

至于秦穆公，则是一个异类。换句话说，他属于不尴不尬的角色。说他不济吧，可他在当时的"国际"大舞台上活跃得很，又是"勤王"，又是"会盟"，知名度、出镜率一点也不逊色于其他人；更何况他也曾大振雄风，"益国十二，开地千里，遂霸西戎"（《史记·秦本纪》），为秦国在春秋战国期间的雄起，做了非常扎实的铺垫，多少混出个"霸主"的模样。可是，如果真的把秦穆公算成霸主，却似乎又差点意思，毕竟他没有像齐桓、晋文、楚庄那样，一本正经地充当过中原的领袖，他的事业局限于西北一隅，从来不曾达到过光辉的顶点，相反，总是笼罩在晋国霸业的巨大阴影之下，只得在当时上演的争霸大战中敲敲边鼓，跑跑龙套。总而言之，秦穆公在当时更像是一个万年老二的角色，高不成，低不就，把他列为"春秋五霸"之一，或许比较勉强。

秦穆公之所以没能成太大的气候，固然有种种客观因素的制约：在他出道的时候，齐、晋、楚已成为大国，中原这块大蛋糕基本已被它们抢先分割完毕。秦国长期僻处西北一隅，中原诸侯"夷翟遇之"（《史记·秦本纪》），不拿它当回事。先天不足，后天受阻，想要入局并充当龙头老大，困难之大，可想而知。然而，这并不代表秦穆公一点机会也没有。事在人为，如果战略决策高明、战术运用得当，他还是可以变劣势为优势，有一番大的作为的。问题的症结，看来还是出在秦穆公自己身上：是他战略眼光的短视、战略举措的失当，直接导致了其雄心勃勃的争霸企图化为泡影。

秦穆公在位前后三十九年。平心而论，他为秦国的崛起与发展，还是做了不少力所能及的工作的：四处延揽人才，打破常规，任用百里奚、蹇叔、由余、邳豹等一班贤能；扎扎实实发展经济，大刀阔斧扩充军备；今日东征，明天西讨，使得秦国的势力迅速扩展到渭水流域的大部分地区。总之，秦国在他的领导下，虽然不能跻身为"世界"大国，但终究算是成了地区强国。

"人心不足蛇吞象"，秦穆公也不例外。坐拥雄厚的资本，他自然要企冀"百尺竿头，更进一步"，去成就更大的功业：带领秦国走出狭窄的关中地区，东进中原，称霸诸侯。尽管秦穆公也知道要做到这一点谈何容易，但他不甘心就此偏居西隅。他相信事在人为，决心尽最大的努力，来实现自己一生的夙愿。

可惜，"人算不如天算"，秦穆公实际上的战略措施，跟他的战略目标完全是南辕北辙的。按照秦穆公自己的计划，秦国的东进战略步骤应该是：先想方设法同晋国搞好关系，对晋国的政局施加影响，通过缔结婚姻、提供援助等手段，逐渐控制晋国。一旦在这方面得手，就大兵出崤函，从容图霸业，一统天下。

于是，秦国趁着晋国内部发生骊姬之乱，政局动荡的机会，加大力度干预晋国内部的事务，操纵晋国国君的废立：先是派军队保驾护航，把晋惠公扶持上台，而后又默许晋怀公继位。可是这两个受保护者都不尽如人意，位子刚刚坐稳，羽翼稍稍丰满，便神气活现起来，将秦穆公晾在一边。晋惠公更是忘恩负义，撕破脸皮与秦穆公作对，出动军队在韩原（今陕西韩城）与秦国干上一架，两国之间的气氛彻底冷却，使秦穆公原先的计划统统泡汤。

与其将错就错，不如改弦更张，于是秦穆公决心中途换马，重新物色代理人。具体的做法，便是提供军事援助，进行武装干涉，"秦伯送卫于晋三千人，实纪纲之仆"（《左传·僖公二十四年》），帮助长期流亡在外的公子重耳返回晋国，从晋怀公的手中抢过政权，成为晋国民众的新主子。这次，他成功了，而这位公子重耳，正是日后大名鼎鼎的晋文公。同时，秦穆公好人做到底，送佛送到西，又把自己的女儿文嬴下嫁给晋文公，延续所谓的"秦晋之好"，希望借助政治联姻的途径，笼络住晋文公，让他成为秦国争霸中原事业中的一颗过河卒子。秦穆公的想法很单纯，也很天真。常言道："投我以木桃，报之以琼瑶"，你晋文公既然受了我的大恩大德，加上大家又有这么一层翁婿亲戚关系，又岂能知恩不报？

遗憾的是，秦穆公过于乐观了。他忘了一个最基本的道理：在国家与国家之间的关系上，既没有永远的朋友，也没有永远的敌人，有的只是永远不变的利益。他自以为对晋文公有过恩惠，人家就得知恩图报，对不起，只要牵涉到利益，世上恩将仇报、以怨报德的事情可多了去了；他自以为是晋文公的岳父大人，人家就会顾及温情脉脉的面子，对不起，为了利益，父子反目、手足相残尚且司空见惯，更何况是没有血缘的姻亲关系？眼下秦国想要染指中原，争夺霸权，势必要越渡黄河，锐意东进，而晋国要独霸中原，号令诸侯，也势必要紧紧关上秦国东出的门户，将秦国的活动范围死死地框定在西方一隅。这方面，两国之间的利害冲突是根本性的，是绝对无法调和的。用今天的话说，便是所谓的"结构性的深层次矛盾"。在这个时候，什么恩德，什么姻亲，一概无效，全都得抛到九霄云外。而且秦弱而晋强，秦小而晋大，一旦双方真的撕破脸皮，使劲折腾起来，处于下风的肯定是秦国。

事实也正是这样，晋文公爬上宝座后，一门心思"取威定霸"，丝毫没有让秦穆公昔日的恩情束缚住自己的手脚。当然，他也不主动和秦穆公公开叫板，撕破脸面；在不触及晋国根本利益的前提下，有时也不忘拉上秦穆公一把，让他跟着自己露露脸儿，抖抖威风。但在晋文公心中，双方的定位是明确无误的，即我晋国是当仁不让的主角，而你秦国只能屈居其下，当个配角，彼此之间是老大与伙计的关系。这种定位，绝对不容颠倒，就如同当今世上美国与日本的关系一样。

这时候，秦穆公才发现，自己以前的筹码都下错了，所花费的心血都泡汤了。他三助晋君的努力，结果只是加速了晋文公成为诸侯霸主的进程；他多次参与盟会，多次投入军事行动（包括城濮之战中派兵增援晋国，一起教训楚国），也往往是名惠而实不至，全是在那儿傻乎乎替晋国的霸业添砖加瓦。

"东隅已逝，桑榆非晚"，假如秦穆公的战略失误只是走到这一步，还不算是输得精光，血本无归。至少，当时的秦国还可以同晋国维系表面上的一团和气，弄好了或许还能从晋国那里分得一杯羹。可是事实证明，秦穆公接下来的做法更加匪夷所思：他居然利令智昏，倒行逆施，想用武力来达到外交、政治所没有实现的目的，软的不成便来硬的，"巧取"不成改用"豪夺"。

晋文公在世时，秦穆公深知对手的厉害，不敢轻举妄动。谁知天遂人愿，机缘凑巧，阎王爷让晋文公死在了秦穆公的前头。见此，秦穆公激动万分，觉得可以玩一把世纪战略"大豪赌"了。于是，他蛮横地拒绝了大臣蹇叔的劝诫，决定趁着晋文公去世之际，大起三军，越过晋国境土，去袭击郑国，企图占领地处天下之中的战略要地，以作为自己称霸中原的前进基地。他一厢情愿地认为，晋襄公（在名义上算是他的外孙）刚刚登基，正忙于稳定内部，无暇顾及秦国方面的军事行动。所以，他在没有向晋国借道的情况下（去借，人家也不肯借给你，何必白费口舌），派遣百里奚之子孟明视等三位大将，统率三百辆战车的兵力去偷袭郑国，圆自己的霸主之梦去了。

劳师袭远，兵家大忌；背信弃义，庸人短视。结果自然可想而知，不但没有咬下郑国一块肉，反而"偷鸡不着蚀把米"，在崤山一带让晋国的伏兵杀得大败，三百辆战车全部报销，"匹马只轮不返"，孟明视、西乞术、白乙丙三个统帅一个不曾走漏，全数做了晋军的俘虏，晋军"获百里孟明视、西乞术、白乙丙以归"（《左传·僖公三十三年》）。而秦、晋两国之间保持多年的传统友谊（尽管仅仅是表面上的），也随着崤函山谷中刀戟喊杀声的响起而烟消云散了。

更为糟糕的是，秦穆公似乎有心理障碍，脾气古怪而又偏执，撞了南墙也死不回头。在他看来，姥爷让外孙这么给"修理", 实在太窝囊, 太没面子, 非得翻过盘来不可。于是为报崤山惨败之仇, 他又一而再, 再而三动用军队去找晋国的晦气, 结果自然是越输越惨, 在彭衙之战中又让晋军杀得一败涂地, 惨不忍睹, 距离充当中原霸主的目标乃是越来越远, 遥不可及了。尽管秦国后来转而同楚国结盟, 企图通过南北夹击, 将晋国从中原霸主的宝座上给掀翻, 但是秦穆公这么做, 除了替别人火中取栗, 让楚国渔翁得利之外, 对自己实现光荣的霸主梦想, 依旧是毫无裨益。到头来, 他依旧是个跑龙套的角儿, 一点长进都见不着。秦穆公战略眼光之差劲, 实在是让人难以恭维。

有"雄才"而无"大略", 秦穆公终究算不得真正意义上的霸主。忝居"春秋五霸"之列, 似乎也太抬举了他。

取威定霸：晋文公的"逆袭"

晋国公子重耳，是晋献公的庶子，按"立嫡不立长"的礼制，他原本与晋国的大位无缘。可是晋献公身后骊姬之乱的爆发，尤其是太子申生的死亡，给重耳登上晋国的权力之巅提供了天赐良机。尽管这一路异常漫长且艰辛，他都咬着牙走到了终点。在外漂泊流浪整整十九年之后，公子重耳终于在秦国的武力支持下，于公元前636年回到了晋国都城绛城，利剑出鞘，一举剪灭晋怀公及其追随者，踏着血迹，登上了国君的宝座，这就是历史上赫赫有名的晋文公。

十九年在外羁泊流浪的生活，对晋文公而言，并不是虚度光阴，船过无痕。

首先，它帮助晋文公本人完成了从一个纨绔子弟到杰出政治家的转变，使他在困境中磨砺了意志，增强了政治才干，所谓"贫贱忧戚，庸玉女于成也"。其次，这段历练，使得晋文公了解了当时主要诸侯国的政治、军事、经济、外交等实际情况，初步掌握了诸侯列国的战略动态，这就为他自己登基后制定和实施图霸称雄的战略方针，提供了十分可贵的第一手资料。再次，考察、团结和起用了一大批忠心耿耿又才干出众的贤能之士。狐毛、狐偃、赵衰、先轸等人，都是当时晋国第一流的贵族大臣，他们始终追随晋文公，在漫长的流亡过程中彼此同甘共苦、团结一心，从而形成了晋文公最为亲信依赖的贵族圈子。晋文公即位后，他们又纷纷出任文武要职，在经国治军方面发挥了巨大的作用，为晋文公日后的争霸事业提供了人才上的保障。此外，十九年的流亡生涯，也在一定程度上影响了晋文公争霸战略方针的具体内容与实践。晋文公先后到过多个诸侯国，它们中间，有的对他礼遇有加，恩惠优渥，齐国、宋国、秦国等可归入此类；有的则对他不理不睬、冷若冰霜，甚至戏弄侮辱，如卫国、曹国和郑国。城濮之战前夕，晋文公之所以扶宋、抑郑、伐卫、攻曹，亲近齐、秦，这固然是受对楚战争战略大局的基本制约，但也不可否认，有其当年个人遭遇的因素在无形中起着作用。世界上没有无缘无故的爱，也没有无缘无故的恨。此言信然！

晋文公逐鹿中原、图霸天下的最大敌手，毫无疑问是楚国。换句话说，晋文公要称霸诸侯，号令中原，就必须抑制并有效击退楚国的北进势头，通过战争这个手段，实现取威定霸的战略目标。从这个意义上讲，晋、楚之间战略决战的上演，仅仅是一个时间上的问题。但是，齐桓公去世、宋襄公昙花一现之后，楚国的势力已是炙手可热、一手遮天，并深入北方，剑指中原。汉水流域的诸多姬姓小国早为楚国所剪灭，所谓"汉阳诸姬，楚实尽之"，而陈、蔡两国早已成为楚之铁杆附庸，唯楚国的马首是瞻。郑、许、曹、卫、鲁诸国，亦首鼠两端、见风使舵，站队到楚国的猎猎战旗之下。在这种情势下，晋文公虽然拥有了晋献公等人打下的偌大基业，但是，若是不知道天高地厚，想拿着这么一点资本，贸然与楚兵正面交锋，一决雌雄，也的确难于登天。

对楚决战既然不可避免，但同时又困难重重、胜负难料，这就决定了晋文公即位后要全力以赴从事争霸战争的准备。这种准备，乃是全方位的：

第一，修明政治，任贤使能，稳定局势，巩固统治。

晋文公即位后，得到了晋国大多数臣民的拥戴与支持。然而，树欲静而风不止，仍然有极少数晋惠公、晋怀公的残渣余孽不甘心失败，企图制造混乱，挑起事端，以期趁火打劫，乱中夺权。晋文公对此毫不姑息，以雷霆万钧之势，断然加以镇压。在即位的同年，他在得到秦穆公密切配合的情况下，一举挫败权贵吕甥、郤芮等人的叛乱，稳定了政局，巩固了权力。

在坚决镇压叛乱、消弭威胁的同时，晋文公对当年曾伤害过自己，但此时愿意归附的政敌宽大容忍，既往不咎。他宽恕寺人披追杀自己之罪，不追究头须盗窃财物之过错，就是这方面的具体例证。这样做的结果，是使得晋国上下一心，众人归附。可见晋文公深谙"海纳百川，有容乃大"的为政之道，避免了犯"为丛驱雀、为渊驱鱼"的错误，有成熟政治家的风度。

对于多年来一直跟随他历经患难、休戚与共的功臣，晋文公慷慨大方，予以优厚的奖赏，大的封邑，小的尊爵，以显示不忘旧恩的诚挚姿态。这一做法，与当年晋惠公过河拆桥、诛杀功臣的行径恰好形成鲜明的对照，很好地收买了人心。

在稳定政局、和谐国内关系的基础上，晋文公进一步改良政治，任贤使能。例如，建立卿制，由公卿处理日常军政事务，举大夫之贤能者担任此职，以杜绝公室兴风作浪、挑起动乱的机会。又如，赋百官以职权而责以事功，拔擢贤才，重用狐偃、先轸、赵衰等有才能、有魄力的功臣。再如，整饬纲纪，树立信守，以定上下之节，明确行止进退之礼。在一次活动中，功臣颠颉后至，晋文公即传令惩罚，毫不宽待，以示信赏必罚。另外，晋文公还能做到虚怀若谷，从善如流，提倡臣下直言极谏，"以志吾过，且旌善人"（《左传·僖公二十四年》）。

通过上述努力，晋文公有效地巩固了内部的团结，造就了"昭旧族，爱亲戚，明贤良，尊贵宠，赏功劳，事耆老，礼宾旅，友故旧"（《国语·晋语四》）的和谐局面，这就为其实施图霸战略方针消除了后顾之忧，创造了良好的政治环境。

第二，崇俭省用，"通商宽农"，发展经济，保障民生，为争霸中原提供雄厚的物质基础。

晋文公懂得经济为军事之本的道理，相当重视农田开发与水利兴修。当他从周王室那里取得太行山以南阳樊、温、原、攒茅等四邑沃土肥壤之后，即以赵衰为原大夫、狐溱为温大夫，以胥臣为司空，主持平治水土之事，裂地分民，迅速开发四邑，使得晋国农业发达，物产丰富。在个人生活方面，晋文公也能做到崇尚俭朴，节约开支，自己衣不重帛，食不兼肉，以身作则，率先垂范。在对待民众问题上，他"恤民以德"，致力于轻徭薄赋，赈济困穷，以缓和社会矛盾，化解社会戾气，调动普通民众的生产积极性，增加普通民众的生活安宁感。同时，他重视发展手工业、商业，努力富国利民。《国语·晋语四》曾对晋文公的经济措施做过扼要的描述："弃责薄敛，施舍分寡，救乏振滞，匡困资无，轻关易道，通商宽农，懋穑劝分，省用足财，利器明德，以厚民性。"这应该说是符合当时的实际情况的。

这些经济政策的实施，很快起到了显著的效果，使得晋国"政平民阜，财用不匮"（《国语·晋语四》），拥有了赖以从事对外争霸战争的雄厚人力、财力与物力。另外，晋文公还十分注意调整复杂的社会关系，明确社会各阶层应尽的职责和取益，"公食贡，大夫食邑，士食田，庶人食力，工商食官，皂隶食职，官宰食加"（《国语·晋语四》），借此以稳定社会经济秩序，调动社会各个阶层的积极性。

第三，大力扩充军队，拔擢任用各级将帅，加强军事训练，为从事争霸战争，确立天下霸主地位做好军事上的充分准备。

军队是国家专政机器的柱石，也是一个国家对外兼并称霸的最重要筹码。齐桓公凭借雄厚的军事实力而成就一代霸业，而宋襄公却因军力单薄加上临战指挥无能而未能圆自己的霸主之梦，就是历史上颇具说服力的例子。晋文公对此自有异常清醒的认识。为此，他登基后一直强化军队的建设，在城濮之战前夕更是快马加鞭，提升扩军备战的步伐。

他在晋献公作二军的基础上，将全国兵力增扩为上、中、下三军，大大增加了军队的数量。并任命郤縠、狐毛、栾枝、郤溱、狐偃、先轸等人分别担任三军的将佐。他们都是深富韬略、

善于将兵的干才，其中不乏当年随从晋文公四处流亡的心腹股
肱。由他们出任军中要职，保证了晋军内部的高度团结，官兵
上下斗志昂扬。在扩军扩编的基础上，晋文公加强军队的军事
训练，"大蒐于被庐"（《国语·晋语四》），举行大规模的实战演
习，并作执秩（官名，主管爵位次序）以正其官，明确其指挥节
制与各级之职掌。通过锲而不舍的努力，晋文公终于拥有了一
支足以与楚军相周旋、相抗衡的强大军队。

第四，高高地举起"尊王"的大旗，发兵勤王，平定周王室
内部的政局动乱，在天下诸侯中树立自己的威望，占据政治上、
道德上的制高点，赢得图霸大业的主动权。

在春秋前中期，诸侯要想成为霸主，就必须打出"尊王"的
旗号，争取政治上的主动权。这自齐桓公起，几乎已成为一种
定律。晋文公是一位富有政治远见的明主，自然深谙其中的道理，
因此，他即位后即注意寻求接近周王室的机会。非常幸运的是，
他即位后的第二年，这样的机遇就悄然降临了。

公元前635年，周王室发生内乱，因没有能当上周王而一
直心怀不满的太叔带（即王子带）联合狄人的军队进攻成周，大
败周军，俘获周室卿士和大夫周公忌父、原伯、毛伯、富辰等人，
并乘胜攻占京城洛邑。

周襄王惊慌失措，仓皇出逃到郑国，在那里，惊魂甫定的
他要求诸侯国派遣军队勤王。晋大夫狐偃认为："求诸侯，莫如
勤王。诸侯信之，且大义也。继文之业，而信宣于诸侯，今为
可矣。"（《左传·僖公二十五年》）极力主张晋国响应周襄王的号

召，迅速出兵勤王。晋文公采纳了这一建议，于公元前635年出动军队去支援周襄王。

战略方针制定后，晋文公遂积极采取行动，付诸实施。他先是辞退了前来勤王的秦国部队，由晋国独揽勤王之功，其次是以财物贿赂"草中之戎"与"丽土之狄"，让他们出兵配合策应晋军的行动。然后，晋文公指挥晋军兵分两路，以"左师"从郑国迎回周襄王，以"右师"攻击狄人和围攻王子带所屯驻的温邑（今河南温县西南）。在晋文公的全力支持下，狄人终于被击退，王子带也为周襄王所擒杀，周室内部的血腥动乱得以平定。

晋文公的勤王，有力挽狂澜、再造王室之功，周襄王对此自然是感激不尽、没齿难忘。投桃报李，人情之常，为此，周襄王摆设盛宴来慰劳、答谢晋文公，给予晋国巨大的荣誉；同时还将周王畿内的阳樊、温、原、州、樱茅等四邑赏赐给晋文公。这四座城邑处于黄河以北，太行山以南，战略地位至为重要，晋人名之为南阳之地。晋文公得到它们之后，等于拥有了南进争霸的重要前哨基地。由此可见，晋文公这次起兵勤王，实在是名利双收，满载而归。

总之，晋文公在继位后短短的几年时间里，通过各方面的努力，使得晋国政治稳定，经济发展，军力增强，社会和谐，并拥有了"尊王"的重要政治资本。在这样的背景之下，他把同楚国进行战略决战提到了议事日程，用巨手拉开了城濮之战的帷幕！而晋国在城濮之战的辉煌胜利，则将他推上了无可争辩的"霸主"宝座，春秋历史亦从此进入了由晋国主导的时代。这是历史的选择，同样也是晋文公本人的业绩。

上兵伐谋：烛之武的外交游说艺术

一

《孙子兵法·谋攻篇》所推崇的用兵理想境界是："百战百胜，非善之善者也；不战而屈人之兵，善之善者也。"而实现这一目标的主要途径，则为"上兵伐谋"，这样做，代价最小，效益最大，后患最少，无疑是最佳的战略手段。不过，理想很丰满，而现实很骨感，应该说，在实际生活中，做到这样的概率是非常小的，可遇而不可求。然而，这并不意味着永远没有人能达到这样理想的境界。历史上烛之武游说秦穆公，智退秦师，使郑国转危为安；韩信听从李左车的建议，兵不血刃，传檄平定燕地；传说中的墨子救宋，不以兵革；都是这方面十分稀罕但却真实的史例。

在春秋的大部分时间里，晋、楚争霸是历史嬗递的主线，而其争霸的重心之一，便是郑国的归附问题。当时的重要战事，如邲之战、鄢陵之战、三驾之役等等，战场大部分都选择在郑国地面之上。谁能够"服郑"，谁就奠定了自己的霸业，成为天下诸侯中的"龙头老大"。作为多方势力觊觎的四战之地，郑国的处境险象环生，生存和发展可谓难于登天，但是，终春秋之世，它不仅在中原核心区屹立不倒，还保持着动见观瞻、举足轻重的中等强国地位。究其原因，在于郑国深谙"小事大以智"的道理，总能在外交上打出令人叹为观止的好牌，从而在晋、楚、齐、秦列强间见风使舵、左右逢源，使自己的国家利益得以最大化。

在这个波诡云谲、跌宕起伏的过程之中，子产等一代代外交家发挥了不可或缺的作用，其能力之卓越，手腕之老练，策略之高明，可谓到了炉火纯青、出神入化的境界。公元前630年，当郑国都城面临晋、秦两国大军的重重包围，危在旦夕之际，烛之武挺身而出，孤身犯险，夜入敌营，以一番言辞说动秦穆公主动退兵，拆散秦、晋战略同盟，一举粉碎晋文公控制郑国的勃勃野心，就是郑国外交斗争史上值得浓墨重彩大书一笔的辉煌。

城濮之战的大获全胜，践土（今河南原阳西南）大会的胜利召开，标志着晋文公取威定霸大业的顺利实现。不过，人心不足蛇吞象，这是人性共有的弱点，伟人如晋文公，也同样在所难免。为了一劳永逸地确保自己的霸业不受挑战，他把目光投放在作为中原枢纽的郑国身上，希望通过强大的武力彻底控制郑国，让其成为晋国的附庸，作为自己南下时的前进基地，从而在与楚国进行霸权角逐时掌握地理优势。

但是，郑国毕竟是一个中型诸侯国。当年郑庄公"初霸"，为郑国打下了坚实的基础。此时它虽然风光不再，但军事上的实力还是相当可观的，算得上是一块难啃的骨头。晋国固然很强大，不过要独自制服郑国，也是心有余而力不足。于是，晋文公就借助"秦晋之好"的契机，拉拢秦国来充当帮手。秦穆公也有自己的盘算，他汲汲于东出争霸的执念，也就欣然同意了晋国方面的请求，统率大军东出崤函，参与了这场世纪"豪赌"："九月甲午，晋侯、秦伯围郑。"（《左传·僖公三十年》）"欲加之罪，何患无辞"，秦、晋两国此次出师的名头，就是"以其无礼于晋，且贰于楚也"（《左传·僖公三十年》）。我想，第二条理由恐怕才是重点，"贰于楚"，与"非我族类"的"蛮夷"楚国眉来眼去，串通勾结，自然属于"是可忍，孰不可忍"的"汉奸"行径，"天下共讨之"乃是事有固宜，理所当然。

秦、晋雄师威风凛凛、势不可当，很快就进抵郑国都城附近，摆开了阵势，"晋军函陵，秦军氾南"（《左传·僖公三十年》）。强敌兵临城下，郑国岌岌可危。一个晋国，它都不一定能抗衡，现在又加上了骁勇善战的秦军，此时再想以战止战，无疑是螳臂当车，只能加速自己的失败。总而言之，"国危矣"（《左传·僖公三十年》），风雨飘摇、朝不保夕是郑国此时此刻所面临的实实在在的战略困境。

二

经郑国大夫佚之狐的举荐，长期以来在社会政治生活中不刷存在感，始终非常低调的烛之武被推到了风口浪尖。在郑文公诚恳的请求之下，一开始保持距离，秉持"今老矣，无能为也"（《左传·僖公三十年》）态度的烛之武，终于改变了立场，答允为国家的利益而勇敢担当，深入虎穴，冒着生命危险出使秦军大营，"夜，缒而出"（《左传·僖公三十年》）。

好在一切还算顺利，烛之武在漆黑夜色的掩护之下，被人用绳索从城上放下去，悄悄地潜入秦军大营，抵达统帅部的帐幕，如愿见到了秦穆公。但是，怎么做，才能够让正处在兴头上的秦穆公冷静下来，听从自己的劝告，同意放过唾手可得的胜利，让"秦晋之好"的友谊小船倾覆，主动撤军？这可是一门难度系数极高的"技术活"。众所周知，外交艺术的最高境界，是"致人而不致于人"，即通过花言巧语直指对方决策者的内心，从根本上打动对方，用不动声色的方式引诱对方进入自己的预设阵地，借力打力，让其在不知不觉中落入我方规划的路径，为我所用。烛之武可谓熟稔于此，一番貌似替秦国着想的言辞，很快引起了秦穆公的共鸣。于是，他不辱使命，达到了既定的目标。

烛之武外交辞令的高明，首先是其立场上的巧妙定调，包括角度的切入、基调的定夺、底色的渲染、利弊的分析，都完全是换位思维，无微不至地替秦国设身处地进行考虑，丝毫不涉及郑国自身的战略成败，而是始终围绕秦国的国家根本利益来剖析、评估、阐释，将其帮衬晋军攻打郑都的利弊得失说得细致入微，入木三分："秦、晋围郑，郑既知亡矣。若亡郑而有益于君，敢以烦执事？"（《左传·僖公三十年》）应该说，这真的是十分睿智的做法。因为秦穆公当然不会在乎郑国君民的感受，更遑论郑国国家利益的得失。但是，作为秦国的统治者，他一定会关心秦国的国家利益，在乎秦国在这次军事行动中付出的战略成本及其回报。烛之武通过营造这样的基调，为自己的游说彻底打动秦穆公创造了前提条件。

在具体游说秦穆公的过程中，烛之武逻辑谨严，环环相扣，滴水不漏，将自己炉火纯青的外交艺术表现得淋漓尽致。

孙子说："合于利而动，不合于利而止。"统治者可以不关心道德，甚至可以不在乎形象，但一定重视利益，只有把利害关系彻底讲清楚，让其明白其行为的利弊得失之所在，他们才能听进去，从而转变态度。烛之武非常清楚这层道理，因此他对秦穆公的游说，开门见山，直接切入这一正题，使秦穆公一下子明白了事情的轻重得失。烛之武直接从地理上秦、郑两国远隔的基本常识入手，告诉秦穆公，配合晋文公攻打郑国一事对秦国本身毫无意义，纯粹属于替人作嫁衣裳的无效投入，"越国以鄙远，君知其难也"（《左传·僖公三十年》），好处全让晋国占了。晋国得了好处，变得更加强大；而相形之下，秦国等于是削弱了自己。被人家卖了还替人家数钱，这种赔本买卖，实在犯不着去做，"焉用亡郑以陪邻？邻之厚，君之薄也"（《左传·僖公三十年》）。

在指出秦攻打郑国之害的同时，烛之武进一步向秦穆公陈说了放过郑国能给秦国带来的"利益"，将来秦国东进争霸天下，需要以郑国为前进基地。这时候，郑国若是存活下来，可以任招待之责，为秦军的军事行动提供后勤等方面的保障："若舍郑以为东道主，行李之往来，共其困乏，君亦无所害。"（《左传·僖公三十年》）在雄霸西方的基础上东出崤函，逐鹿中原，是秦穆公"念兹在兹"的理想追求，倘若他日行动之时能得郑国的策应，那当然是大大的有利，何乐而不为。烛之武的话可真的是一针见血，说到秦穆公的心坎里去了。

三

烛之武的厉害，在于他能够做到见机而作，趁热打铁，进一步强化秦穆公背晋释郑的战略意识。普鲁士杰出军事学家克劳塞维茨有云，"光辉的战例是最好的导师"，唐太宗李世民也说，"以史为镜，可以知兴替"。烛之武比他们更早地明白了这一层道理。所以，为了强化自己外交游说的力量，他也巧妙地借助于历史往事来说事，千方百计地证明晋国从来就是一个言而无信、背信弃义的国家，习惯于忘恩负义，绝无任何公信力可言。为了激起秦穆公的本能式反感，烛之武还居心叵测地提起对方所亲身经历的秦晋交往历史上晋国那些忘恩负义的丑恶行径，刺破伤疤，无情地戳穿了所谓"秦晋之好"的假象，"且君尝为晋君赐矣，许君焦、瑕，朝济而夕设版焉，君之所知也"（《左传·僖公三十年》）。总而言之，晋国受秦恩而不报，食言而肥，答应给的地盘翻脸不认，可谓是典型的骗子。这些话句句令人寒心，可却都是事实，烛之武把这个历史旧账单一拉，对晋国的"仇恨值"，不升高也不可能了。看来，他可真是一名"拱火"的高手啊！

接下来，烛之武还使出了更可怕的招数，在煽动起秦穆公仇晋情绪的基础上，火上浇油。这就是站在貌似替秦国国家利益考量的立场上，描绘了秦晋关系惨淡的远景，把双方的未来说得令人绝望。在烛之武嘴里，晋国的野心永无止境，对外扩张与掠夺，是其与生俱来的罪恶本性，等到其东部扩张告一段落之后，侵略的矛头必定会指向西方。到了那时候，秦国就是其侵略事业中首当其冲的对象。因此，秦国需要提前筹划，绝不能让晋国在东方为所欲为，予取予求，而是要设法抑制其实力的进一步增长，防止其无限制地坐大，总之，"人无远虑，必有近忧"，切不可养虎遗患。所以，从长远的战略前途考量，秦国及时刹车，中止对郑国的进攻行动，也具有抑制晋国的贪婪野心，防患于未然的关键意义："夫晋，何厌之有！既东封郑，又欲肆其西封。不阙秦，将焉取之？阙秦以利晋，惟君图之。"（《左传·僖公三十年》）

这段话，将秦晋关系的本质和未来阐述得鞭辟入里，有条不紊。至此，秦穆公终于恍然大悟，欣然答应，于是，就坚决地放了晋文公的鸽子，"与郑人盟"（《左传·僖公三十年》），中止了秦晋联合攻郑的行动，班师回朝。不仅如此，秦穆公一不做，二不休，还直接怼上了晋军，留下得力干将帮助郑国戍守，共同抵御晋军的进攻，"使杞子、逢孙、杨孙戍之"（《左传·僖公三十年》）。

秦军这么一撤，晋国的独角戏就再也唱不下去了。此刻晋国君臣心中的恼火是可想而知的。晋大夫子犯请求晋文公对"逆反"的秦军进行教训式的打击，"子犯请击之"（《左传·僖公三十年》）。不过，晋文公毕竟是十分成熟的战略家，他内心深处同样愤慨秦穆公的背叛举动，但是，他知道，小目标必须服从于大目标。从战略上来说，此时此刻，还不是与秦国彻底撕破脸皮、公开决裂的时候。于是，晋文公强忍住满腔的怒火，风轻云淡地说了一番冠冕堂皇的话，给自己找了一个台阶下来，无可奈何地中止了攻打郑国的军事行动。"'不可。微夫人之力不及此。因人之力而弊之，不仁；失其所与，不知；以乱易整，不武。吾其还也。'亦去之。"(《左传·僖公三十年》)

至此，郑国国都面临失陷的警报，终于得以完全解除了。而能够有这样的结果，烛之武折冲樽俎、纵横捭阖之功，可谓起到了关键性的作用。

不过，需要指出的是，烛之武"亲而离之"之策之所以能够奏效，背后还存在更本质的缘由。具体地说，从更深层次考察，这是因为当时秦、晋战略同盟关系本身已经千疮百孔，摇摇欲坠，"秦晋之好"在一定程度上已名不副实，似是而非。实际上，晋国与秦国之间自城濮之战以后，一直存在着深层次的结构性矛盾。晋国要独霸中原，一定会千方百计限制秦国的东进，在双方同盟关系上把秦国定位为随从者。而秦国的战略终极目标，是不满足于做地区性的大国，在同盟关系中屈居"老二"的地位；始终渴望着东出崤函，进而争霸天下。双方之间，这种结构性的矛盾是无解的。烛之武正是利用了这个矛盾，才使得自己的这次外交博弈顺利。内因是变化的依据，而外因则是变化的条件，外因通过内因而起作用。换言之，秦晋的深层次结构性矛盾乃是内因，烛之武的高超外交辞令则是重要的外因，这个外因通过内因而迸发出最大的能量，为郑国达成既定的战略目标创造了条件，这一点，乃是不容忽略的。

懦弱之患：晋襄公的无奈

公元前628年，雄才大略、取威定霸的一代英主晋文公撒手人寰，其子公子欢继位，成为新一任的晋国国君，是为晋襄公。

晋文公曾经在外流亡十九年之久，两鬓斑白方才登基，当其去世时，想必年事已高。因此，继位时的晋襄公亦当在盛年，不能简单地说他属于"生于深宫之中，长于妇人之手"一类，然而，大树底下不长草，与乃父晋文公相比，晋襄公自然显得平庸普通，毫无特色。

这也是自古以来雄主接班人的共同特征，如扶苏较之嬴政，汉惠帝较之汉高祖，刘禅较之刘备，唐高宗较之唐太宗，建文帝较之明太祖，都如出一辙，即气概偏于内敛，性格偏于懦弱，能力偏于平庸，事业偏于平淡。这从好处说，是能够做到萧规曹随，平稳过渡，内外安堵，妥善守成，但就不足而言，也是非常明显的，即保守僵化，开拓乏力，进取有限，左支右绌。如果其在战略决策上再犯迷糊，乖谬出错，则后果更加严重，必定给社稷利益造成无法挽回的损失，给国家命运带来不可估量的危险。

很不幸，晋襄公身上恰恰集中了守成之主的种种弱点，而这些软肋又给日后晋国战略选择的失误，乃至整个晋国政局的混乱埋下了伏笔。

晋襄公的弱点，首先是性格比较懦弱。这导致他在大臣面前缺乏足够的霸气，毫无一国之君应有的绝对权威。晋文公逝世后，他的那些股肱之臣，如先轸、栾枝、赵衰、胥臣等，大都依然健在，晋襄公不敢弃之不用，只好照单全收，让他们继续担任新朝的高官重卿。他们资历老，战功大，地位尊，势力广，都是晋国政坛上举足轻重的人物。

这些老臣觉得，晋国之所以能够一跃而成为天下的霸主，乃是自己当年辅佐晋文公亲历沙场、浴血奋战的结果，而晋襄公只不过是坐享其成而已。所以，他们倚老卖老，居功自傲，只希望晋襄公垂拱而治。对晋襄公的命令，合于自己心意的，他们就听从；不感冒的，就软磨硬泡、阳奉阴违。有的老臣甚至经常要晋襄公按照他们的意思来办事，且态度生硬，手法粗糙，肆无忌惮。

殽之战开打，源自先轸的强硬推动，逼得晋襄公勉强同意。当时战前会议上，先轸一开始就定了主战的基调："秦违蹇叔，而以贪勤民，天奉我也。奉不可失，敌不可纵，纵敌，患生；违天，不祥。必伐秦师！"（《左传·僖公三十三年》）一个"必"字，让先轸狂妄自大、刚愎自用、予取予求的形象牢牢留在了历史上。尽管另一位重臣栾枝持不同意见，主张放过秦军，认为晋文公曾经受过秦穆公的恩惠，如今袭击并不对晋国构成直接威胁的秦军，刚刚去世的晋文公也会死不瞑目，"未报秦施，而伐其师，其为死君乎？"（《左传·僖公三十三年》）然而，先轸毫无商量的余地，振振有词地说："秦不哀吾丧，而伐吾同姓"（秦军在袭郑未遂的情况下，退兵过程中顺道伐灭了滑国，而滑与晋为同姓），乃是无礼放肆的行为，必须痛加惩罚，"秦则无礼，何施之为？"并强调："一日纵敌，数世之患也"（《左传·僖公三十三年》）。他不仅用政治正确来堵住持不同意见者之口，且视晋襄公为无物。而晋襄公也无可奈何，只能乖乖地顺从先轸的意志，同意在崤函一带伏击秦军。而他之所以听从先轸的要求而不采纳栾枝的意见，很显然，是因为先轸的资历和官职都要高于栾枝，"西瓜偎大边"，不得不如此。

还是这位先轸，在殽之战大破秦军，杀得秦军全军覆没，"匹马只轮不返"（《左传·僖公三十三年》），俘获秦军孟明视、西乞术、白乙丙三帅之后，踌躇满志，趾高气扬。可是节外生枝，这被俘的三帅，让晋文公的遗孀文嬴夫人（也是晋襄公的嫡母）在中间一掺和，居然直接被晋襄公释放了。先轸在上朝时听说这个消息，勃然大怒，遂不顾起码的君臣之礼，在晋襄公跟前大发雷霆："武夫力而拘诸原，妇人暂而免诸国。堕军实而长寇雠，亡无日矣！"（《左传·僖公三十三年》）先轸越骂越生气，居然"不顾而唾"，愤然对着晋襄公吐痰。而晋襄公却只能忍着，不敢有任何责怪。

由此可见，那些重臣真的没拿晋襄公当回事，这个国君实在当得有些窝囊。好在先轸本人血液里尚有贵族的精神，事后也觉得自己过分，在接下来的箕之战中以自杀性的冲锋陷没敌阵，了结生命，"免胄入狄师，死焉"（《左传·僖公三十三年》）。不过，这并不能抹去晋襄公在重臣面前的软弱和无能之烙印。

晋襄公的平庸，也表现为他性格不够坚定，优柔寡断，人云亦云，稍遇困难就轻易放弃，打退堂鼓。于是乎，他施政理事，经常是朝令夕改，出尔反尔，还非常容易受制于人。这样一来，他的权威自然很难树立起来，个人形象也必然是平凡普通，为他人所轻忽。

《孙子兵法》有云："道者，令民与上同意也。"作为决策者，要治国安邦，一定要让自己在政治上处于中心地位、起主导作用，让下属、臣子乃至民众都认同、支持、配合自己的决策，言必信，行必果，令行禁止，雷厉风行。而不宜随波逐流、应声附和，去迎合、奉承下属的想法。否则，就是放弃自己的责任，行姑息之政。

要知道，不同的阶级、阶层甚至个体，其利益诉求各不相同。你期望满足所有人的意愿，最后只会发现所有人都对你不满。故古人有云："臣毋或作威，毋或作利，从王之指；毋或作恶，从王之路。"（《韩非子·有度》）用今天的话讲，就是：领导干部不能当群众的尾巴！

可是晋襄公软弱无能的个性，让他抓不住君主生杀予夺的权柄，思无熟虑，策无一贯，经常轻率地做出一些出尔反尔、自相矛盾的决定，让臣下和民众无话可说，哭笑不得。像听了母亲文嬴的一番劝说，随意就送上顺水人情，释放孟明视等秦军三帅；可当听了先轸的一顿斥责后，又马上改变主意，收回成命，派人去追赶缉拿孟明视等人，"使阳处父追之"，最终让对方逃之夭夭："及诸河，（孟明视等三帅）则在舟中矣。"（《左传·僖公三十三年》）

再如，公元前622年，流年不利，晋国政坛不少重量级人物，如中军将先且居、中军佐赵衰、上军将栾枝、上军佐胥臣等先后死去，噩耗纷至沓来。这种大面积的重臣损失，大伤晋国政治的元气，几致国政停摆。

次年，情况稍稍稳定，晋襄公就开始进行政坛的重组工作。他有自己的盘算，即压缩军队，将五军精简为传统的三军，同时多起用家族历史辉煌，但当时已被边缘化的老人集团，而稍稍压抑那些锋芒毕露，咄咄逼人的新贵势力，据此，他搞出一份自己的口袋名单，要点是由士縠任中军将，梁益耳任中军佐，箕郑父任上军将，先都任上军佐。

可这么一来，那些原来已占据晋国政治舞台中心的新贵们不干了，他们的代表人物狐射姑（狐偃之子）、赵盾（赵衰之子），先克（先且居之子、先轸之孙）、栾盾（栾枝之子）、胥甲（胥臣之子）就闹腾起来。先克跳将出来代表新贵势力发言，大声疾呼："狐、赵之勋，不可废也！"（《左传·文公八年》）

面对新贵势力的反弹，晋襄公没辙了。其缺乏主见、优柔寡断的性格弱点马上暴露无遗。晋襄公很快从既定的立场上缩了回去，改变了原先的方案，形成一个妥协：让狐射姑、赵盾、先克等三位新贵入六卿之列，同时再将老臣集团的箕郑父、先蔑、荀林父也任为六卿，新旧各三，以作为暂时的平衡。这种妥协，其实导致新旧两派都不满意，老臣集团失去最重要的中军将之职，恼怒是可以想见的；而新贵集团中栾盾、胥甲未能入六卿之列，同样心情郁闷，愤愤不平。晋襄公可谓是"老鼠钻了风箱——两头受气"。

更糟糕的是，事情至此尚未消停。得势的新贵势力内部，也是矛盾重重。就在同一年，晋襄公在夷地举行大蒐礼，检阅部队，训练士卒，恢复三军旧制。可在三军将佐任命上，他却再一次朝令夕改，乱搞一气。晋襄公本来是根据诸卿宗族地位高低与对晋国贡献大小，而任命狐偃之子狐射姑为中军将、赵衰之子赵盾为中军佐，这应该说是一个相对较为稳妥，能平衡诸位卿大夫关系的决定。可是，当担任太傅要职的阳处父（他曾为赵衰的属下）一提出反对意见后，他就马上改变了主意，将赵盾、狐射姑两人的位置给调换了，改由赵盾出任中军将，并同时执掌国政，而狐射姑则莫名其妙被降为了中军佐。

很显然，这种没有定力、缺乏主见的个性特征、行事风格是身为决策者的大忌。在别人眼里，这意味着决策者优柔寡断、软弱无力。的确，政治需要妥协，但妥协的前提是不能放弃原则；处事需要变通，但变通的条件是不能恣意妄为；做人需要厚道，但厚道的界限是不能低三下四。在许多情况下，身为一国之君，本就该乾纲独断，有的决定即使不怎么合适，也要咬紧牙关挺住；要改，也是要过段时间，切不可当场推翻，自我否定，以致让人笑话，被人看轻。

晋襄公似乎并不深谙"君人南面之术"的精髓，动辄否定前议，另起炉灶。时间一久，大家就很自然将他看成一个目光短浅、败事有余的庸主。总之，晋襄公的宽厚、随和也许无人否认，但这种常人的美德，若是落在一国之君的身上，却往往会成为其治国平天下的累赘，弊大于利，后患无穷。

作为一国之君，晋襄公身系晋国的安危，其性格特征与一切作为，都直接关系着晋国的历史命运之盛衰荣辱。

不可否定，他的包容与宽厚，有其积极的一面，即基本上暂时地稳定了晋国的政局，避免了晋文公死后国内出现颠覆性的动荡，使晋国的霸业在较长时间里得以延续，维系不坠。这一点，与当年郑庄公"小霸"、齐桓公"首霸"都人亡政息的情况是明显不同的。对此，晋襄公应该说是不无贡献的。

具体地说，他在登基的第二年，就痛快淋漓地打了三仗：殽之战杀得秦军一败涂地，片甲不留；箕之战，给强悍的狄人以迎头痛击；泜水之役，给蠢蠢欲动的楚人以严厉的警告，重挫了对手的气焰。接下来的戚之战、彭衙之战等作战行动，也狠狠打击了挑战的对手，巩固了晋国的霸主地位。《左传·文公四年》记载该年（公元前623年）的夏天："曹伯如晋会正。"杜预注"会正"曰："会受贡赋之政也。《传》言襄公能继文之业，而诸侯服从。"在晋襄公时期，晋国仍是首屈一指的中原霸主，后人由是而将晋文公与晋襄公视为晋国历史上的一个整体，称道其为"文襄之世"，尊之为晋国霸业辉煌的象征，不仅并非毫无道理，甚至可谓实至名归。

但是更需要指出的是，晋襄公的性格及其作为，对晋国霸业的维系和推进，只是表面性、暂时性的，是"治标"而不是"治本"。而从深层次来考察，其造成的破坏、带来的危害，才是本质性、关键性的。

任何事物都是利弊相杂，利中有害，害中寓利。《老子》言："祸兮，福之所倚；福兮，祸之所伏。"讲的正是这个道理。高明的决策者，理应做到见利思害，见害思利。其中的驾驭利害的最大智慧，是分清眼前之利与长远之利、表层之利与本质之利、局部之利与全局之利；抓大放小，治本为上，立足于求长远、本质、全局之利，而努力避免汲汲纠缠于眼前、表层、局部之利。

用这个原则来衡量晋襄公的所作所为，我们就能发现他的战略失误、举措不当给晋国的长远发展所造成的危害是极其深重、无法挽回的。其中最严重的有两件事情。

首先是殽之战。

晋国与秦国是长期的战略合作伙伴，"秦晋之好"作为盟国之间相互支持、共襄大业的代名词，既是其互为婚姻的写照，也是双方战略结盟的象征。当然，由于国家核心利益的不同乃至冲突，早在晋文公统治后期，两国的关系已开始变得微妙，甚至产生裂痕。公元前630年，秦、晋合围郑国都城的关键时刻，秦穆公听从郑国说客烛之武的一番言辞，与郑国私下议和，然后解除了对郑国都城的包围，率军扬长而去，将晋文公晾在一边，遂使伐郑之役虎头蛇尾、功亏一篑。晋文公当然恼火，但他从战略全局着眼，并不愿晋、秦关系就此破裂，因此，强压下心

头的怒火，断然拒绝了手下将领欲寻秦国晦气的请求，维系了
"秦晋之好"的大局。

然而，晋襄公的见识，与乃父相比却判若云泥。在重臣先
轸的极力鼓动、强势主导之下，他居然轻启战端，在殽地设伏，
聚歼秦军，杀得对方"匹马只轮无返"。其实，这一仗本来是可
以不打的，秦军的错误，只是没有向晋国借道而已，本身也没
有直接与晋国为敌，灭掉的只是一个小小的滑国。晋国一方如
从双方战略同盟关系大局考虑，大可睁一只眼闭一只眼，事后
再向秦国提交一份外交抗议就是了。可晋襄公偏偏信从先轸的
蛊惑，只为逞一时之气大打出手。这显然是极其轻率的行为，
是取小利而忘大义的蠢举。

战争的结果，自然是一点悬念也没有：晋军高歌凯旋，秦
师大败亏输。可这么一来，晋国的总体争霸战略就遭遇了严重
的干扰，碰上了致命的挫折。因为就晋国而言，楚国才是它称
霸中原的最大障碍、实施战略打击的主要对象。所以，殽之战
虽然挫败了秦国东进争霸的企图，使其军事实力遭到沉重的损
失，却也完全破坏了秦、晋两国之间的传统友谊，致使秦国转
而同楚国结盟，并对晋国一直不死不休，先后挑起报仇雪恨式
的一系列战事，如彭衙之战、王官之役等等。总之，这一仗的
发生及其后果，乃是失大于得。

如此一来，晋国遂不得不陷入两线作战、腹背受敌的不利
态势、被动地位，在战略上丧失了主动权，无法集中全部的力
量与主要的敌人楚国进行周旋与决战。相反，其劲敌楚国则得

以乘机拓展疆域，增强实力，甚至发展到"问鼎中原"的地步，春秋时期整个战略格局都为之一变。

从这个意义上讲，与秦国一样，晋国也是殽之战的大输家。而最大的赢家，毫无疑问，乃是楚国。晋国之所以会遭遇这样的挫败，归根结底，应该归咎于晋襄公缺乏定见，附和先轸的一己之见。对此，晋襄公应当承担起自己该负的那份责任。

其次是重用赵盾。

如前所述，晋襄公重组三军时，是以狐射姑为中军将，即总司令，赵盾只担任中军佐，即副司令。可是，老资格的重臣阳处父早已"党于赵氏"（《左传·文公六年》），故向晋襄公表示赵盾更优秀，"谓赵盾能"（《左传·文公六年》），让心软的晋襄公轻率地收回成命，改变决定，将赵盾与狐射姑的职务，轻易地掉了个儿。赵盾本来就继承了其父亲赵衰的执政大夫一职，如今又拥有了军中的最大实权，成了朝中与军中无可争议的一把手，集军政大权于一身，权势显赫，不可一世。这应该是晋襄公人事决策上的最大败笔。

明智的君主，总是很注意不让所有权力集中在某一个大臣的手中，避免出现尾大不掉、威高震主的局面，而致力于分散权力，让大臣们互相制约与掣肘，自己则高高在上，进行平衡，有效操控。原先，狐射姑主军，赵盾领政，是个很好的平衡权力之策，可惜晋襄公这个昏君就这么随意放弃了。

从史书记载来看，赵盾本人是颇有才干的，"于是乎始为国政，制事典，正法罪，辟狱刑，董逋逃，由质要，治旧洿，本秩礼，续常职，出滞淹"(《左传·文公六年》)。这些措施对于晋国社会发展，维系其中原霸主地位具有一定的积极意义。

但是，赵盾又是一个志不在小的野心家。他的大权独揽，明显带来两个严重的后遗症。一是激化了贵族之间的矛盾。在晋国"郤、先、狐、赵、栾、胥"等强宗大族中，赵氏并不是最显赫者。长期以来，其地位在郤、先、狐诸氏之下。如今赵氏在政治上暴发，把持了晋国的军政大权，这自然要引起其他大族的不满，酿成政局的动荡。其中，尤以被剥夺了中军将之职的狐氏集团的对抗情绪最为激烈。等晋襄公一死，这个矛盾就全面爆发，双方兵戎相见，杀得昏天黑地。这场厮杀屠戮以狐氏集团覆灭，狐射姑流亡狄国，赵盾笑到最后而告终。可这么一来，就更没有其他力量能制衡赵盾的权势了。

赵盾有能力，也有野心，这对晋国国君构成最大的威胁。晋襄公在世时，赵盾还有所收敛，不敢过于放肆。可等晋襄公一死，赵盾的权臣嘴脸遂暴露无遗。他专横跋扈，视继立的晋灵公如无物。如扈之盟，赵盾专盟齐、宋、卫、郑、许、曹六国之君，开春秋时期大夫主盟之先河；又如晋、秦河曲之战，其族人赵穿违犯军律而未受到惩处，都表明其权势炙手可热。日益激化的君臣矛盾，以一场血腥的宫廷政变、晋灵公被弑而收场。从此，以赵氏为代表的强卿大族势力遂不可抑制，成为晋国政治的实际操控者。晋成公即位，在晋国建立公族制度，"乃宦卿之适而为之田，以为公族"(《左传·宣公二年》)，赵氏顺理成章成为公族大夫。异姓大夫代为公族，标志着晋公室趋于衰弱、没落，已是不可逆转的大势。

从这个意义上说，赵盾的任用，埋下了日后以赵氏为主导的"三家分晋"事件的祸根，而其始作俑者，恰恰是晋襄公本人。"天作孽，犹可违；自作孽，不可活"，这不仅是对晋襄公一生为维系晋国霸业所做努力的最大反讽，也是他政治人生中的百般无奈与最大悲剧。

"小事大以智"：陈国统治者的智慧

　　《左传·文公九年》记载：是年（公元前618年）"秋，楚公子朱自东夷伐陈，陈人败之，获公子茷。陈惧，乃及楚平"。这是春秋历史上一个微不足道的事件。楚、陈两国相毗邻，楚是春秋四大强国之一，综合实力之强，仅次于当时如日中天的头号霸主晋国。陈国虽然贵为虞舜之后，也不是那种将寡兵微、存在感稀薄的蕞尔小邦，但在楚国面前，也只能占下风。因此，在弱肉强食、胜者为王的时代背景下，楚国时不时地侵扰陈国，也是一种常态。

　　不过令人诧异的是，这次由楚国主动发起的特别军事行动，其结局十分不合乎逻辑，乃至令人大跌眼镜：天下第二的泱泱大国，居然输给了平素总是吃瘪的弱敌，而且还输得狼狈不堪，身份显赫的公子茷成了陈军的俘虏。大国的神话破灭，真是颜面扫地。所以，对于这个结果，后世不少学者无论如何都没法苟同，而是想方设法替楚国洗白。例如，清代学者于鬯在其《香草续校书》中辩解道："陈人败之"中的"陈人"二字，当为衍文。这段史实的正解是：战争的结果乃是楚国打败陈国，而不是陈国战胜了楚国，那位公子茷，当为陈国的贵族，而不是楚国的公子。于鬯先生之所以这样强词夺理，信口雌黄，只因春秋第二强国楚国竟然败于陈国之手，完全不符合他的常识，令他无法理解也无法接受。可是，这种辩解并没有文献上的依据，纯属捕风捉影，不足为凭。故杨伯峻先生在其《春秋左传注》中指出，于氏之说，"未必可信"。

当然，我认为真正让人感觉有些怪诞的是，如《左传》对此事记载不虚，陈国的战争善后可谓匪夷所思：不但没有大肆宣传和庆祝，反而惴惴不安，"陈惧"。这真的让人怀疑，打赢的一方是楚国，而不是陈国了。无怪乎于鬯老先生要怀疑《左传》传抄过程中有讹误，忍不住要加以校正了。强烈的恐惧驱使下，陈国匆匆忙忙，急不可耐地和楚国讲和修好，签订和平协议，恢复正常关系："乃及楚平"。

其实，陈国统治者这么做的真实原因，晋代"武库"杜预在给《春秋左传》作注时，就一针见血地予以解释了："以小胜大，故惧而请平也！"孙子说得好："故不尽知用兵之害者，则不能尽知用兵之利也。"（《孙子兵法·作战篇》）任何事物都是利害相杂的，有利必有害，有害必有利。打胜仗固然值得庆幸，但是，这同时意味着新的风险与不确定性，如果放任自己的乐观情绪，趾高气扬，忘乎所以，很可能会带来灾难性的后果，正如孙子所说的那样："夫战胜攻取，而不修其功者，凶，命曰费留。"（《孙子兵法·火攻篇》）《礼记·曲礼》开宗明义所言，"敖不可长，欲不可从，志不可满，乐不可极"，自古至今，永远是让人保持清醒的头脑，避免阴沟翻船的伟大箴言！

陈国的君臣，大概不至于读到过《礼记》和《孙子兵法》。不过，他们的思维方式和行为模式，则高度吻合"是故智者之虑，必杂于利害"的哲学精神。他们的思维很清晰，知道自己弱小的地位和被动的处境，并不会因为偶尔打上一两次胜仗，而得到彻底的、根本的改观。楚国这个庞然大物迟早会恢复过来，成为碾压自己的对手，这是让人不愉快，但却无法躲避的现实。众所周知，在"国际"关系上，大国和小国之间，有不同的生存和发展之道，用儒家"亚圣"孟子的话说，就是"大事小以仁，小事大以智"。大国的立国和外交之原则，是宽厚包容；小国的生存和发展之关键，是睿智机敏，善于利用夹缝中的空隙。

陈国相对于楚国，毕竟是小国，所以面对强邻，要"小事大以智"，如果打了一两次胜仗就膨胀起来，后果就会惨不忍睹，所谓"小敌之坚，大敌之擒也"（《孙子兵法·谋攻篇》）。所以，正确的对策是：趁着楚国疗伤的时候，及时送上温暖，给人家一个台阶下来。这样的情况下，楚国保住了颜面，自然乐意与对手握手言和了。

由此可见，陈国统治者在这场军事冲突收尾问题的处理上，真正做到了恰如其分，拿捏分寸，趋利避害，见好就收。这种战略上的大智慧，的确令人佩服！

血色黄昏：哀姜之"哀"

公元前609年，在鲁国国都曲阜城的闹市上，出现了令人震撼而悲伤的一幕：一个中年妇女，"哭而过市"，她一边号啕大哭，一边撕心裂肺地呼喊着"天乎！仲为不道，杀嫡立庶！"，在场围观的民众，无不一掬同情之泪，陪着她一起恸哭流涕，"市人皆哭"（《左传·文公十八年》）。

这悲惨的一幕，遂永远定格在春秋时期鲁国的历史上。

这名伤心欲绝的女性，可不是寻常之辈，她是齐国的公室之女，鲁文公四年（公元前623年）被聘娶为鲁文公的正妃，后世称为"出姜"或"哀姜"。所谓"出"，指的是她未能终老于夫家鲁国，最后被"休出"，逐回娘家齐国；而称之"哀"，是形容和痛惜她的不幸遭遇。这里的"出"与"哀"，都不是谥号，只是对这个姜氏苦命之人悲惨人生的形容用语。

"同姓不婚"，是春秋诸侯缔结婚姻时必须遵循的一条戒律。鲁为姬姓，其国君的婚娶对象，不能来自同姓的"兄弟之国"，而只能是异姓诸侯的姐妹或女儿、宗女。因此，其国君的夫人大多来自姜姓的齐国。当年哀姜出嫁鲁文公，也属于这一传统的自然结果。

但是，这桩婚姻从一开始，就笼罩了一层不祥的阴云：文公四年的迎娶大典，鲁国没有按惯例由正卿赴齐迎亲，《左传》的作者认为，这是严重违背礼制的，"逆妇姜于齐，卿不行，非礼也"（《左传·文公四年》）。这似乎预示着，哀姜在鲁国的生活最终将以悲剧收场："君子是以知出姜之不允于鲁也"（《左传·文公四年》），理由就是"贵聘而贱逆之，君而卑之，立而废之，弃信而坏其主，在国必乱，在家必亡，不允宜哉！"（《左传·文公四年》）。这种预言般的解释，也许只是事后的追叙，不过，在迎娶典礼上，鲁国的正卿没有亲自到场，毕竟是事实。这也使这桩婚姻大事的举办，给人们留下了颇为草率的印象。

哀姜所嫁的鲁文公，正式的夫人一共有两人，一个是哀姜，为"元妃"，即正妻；另一个是敬嬴，为"次妃"，即如夫人。元妃哀姜，与鲁文公共同生活十四年左右，育有公子恶、公子视二子。按周礼相关制度规定，公子恶为嫡长子，是他日接替文公，成为鲁国国君的不二人选。敬嬴的肚子同样挺争气，也替鲁文公生下一个儿子——庶子公子俀，这就是日后权臣襄仲通过"杀嫡立庶"宫廷政变而篡权夺位的鲁宣公。

不过，在"礼崩乐坏"已成定局的春秋时期，夺嫡立庶，乃是相当普遍的现象。公子恶虽为嫡长子，但是其最后能否顺利上位，并不是板上钉钉的事情，而是充满了变数。这首先与鲁文公本人有关：在两个夫人中，他所"嬖爱"的，乃是次妃敬嬴。而敬嬴显然是一个很有野心的女人，她凭借着自己得宠于君的有利地位，积极谋划将儿子公子俀推上大位。她明白，要实现自己的目的，单凭一己之力是不够的，关键在于是否能在朝堂上拉拢最具实力的贵族卿大夫，替自己出手搞定一切。

今天，我们不能不佩服敬嬴的眼光和手腕，她一眼看中的关键人物，就是当时权倾鲁国朝野的襄仲（公子遂）。不光是敬嬴早早就开始在襄仲身上投注押宝，"私事襄仲"（《左传·文公十八年》）；襄仲自己也是一个野心勃勃的阴谋家，妄图进一步控制和掌握鲁国政治的权柄，需要寻找宫闱里的内应来配合自己的行动。现在见敬嬴主动示好拉拢，实为求之不得的机会，襄仲遂顺坡下驴，与她一拍即合，勾连在一起。

公元前609年夏六月，鲁文公寿终正寝，鲁国政治随之进入重新洗牌并再度摊牌的新阶段。敬嬴找到襄仲，开门见山，将儿子公子俀图谋上位之事托付给自己的政治同盟者和最大靠山，"属诸襄仲"（《左传·文公十八年》）。襄仲也二话不说，义无反顾，为敬嬴冲锋陷阵，"襄仲欲立之（公子俀）"（《左传·文公十八年》）。不过，废嫡立庶，毕竟不合礼制常规，襄仲也无法一手遮天，其相关提议，遭到了朝堂上一些卿大夫的反对。其中反应最为激烈的，是大臣中的二号人物叔仲（惠伯，也即叔彭生），叔仲对此事做了斩钉截铁的表态："不可！"（《左传·文公十八年》）

其实，当时襄仲等人所最顾忌的倒不是叔仲，而是哀姜背后的齐国势力，毕竟，哀姜是齐国公室的宗女，她与鲁文公成为夫妻，说到底是一种政治联姻。哀姜在鲁国做夫人，这绝对不能简单地视为她个人的行为，而是代表着齐国的利益和尊严，是齐、鲁两国关系的见证。因此，对哀姜及其子女的任何冒犯，就不仅仅是针对她本人，而是对齐国的直接打脸，属于非常严重的事态。在当时，齐强鲁弱，如果鲁国让齐国恼羞成怒、兴师问罪，那么，"国际"关系大局将遭遇颠覆性的崩溃，后果不堪设想。

为此，襄仲、敬嬴等人将这场废嫡立庶的阴谋运作重点，首先放在处理与齐国的关系上。襄仲亲自出使齐国，游说齐君对废嫡立庶一事予以理解与配合，"见于齐侯而请之"（《左传·文公十八年》）。按理说，对襄仲这样的"神操作"，齐国国君理应断然拒绝和制止。毕竟，襄仲所要废黜的可是自己的亲外甥太子恶，所要推立的是与自己没有任何血缘关系的公子俀！但事实却出乎所有人的意料，齐国国君居然同意了襄仲的计划，给他接下来的行动开了绿灯："许之"（《左传·文公十八年》）。

齐国国君匪夷所思的行径，其实也在情理之中。具体地讲，这是精心算计之后的现实选择。也是在公元前609年，齐国政坛发生了一场重大动荡与变故，齐懿公被弑，公子元继位，是为齐惠公。齐惠公刚上位，根基尚不稳固，需要得到尽可能多的支持，其中也包括主要邻国鲁国的认可与帮助，"齐侯新立，而欲亲鲁"（《左传·文公十八年》）。现在卖个人情给在鲁国政坛上炙手可热的襄仲，双方投桃报李，各取所需，这是一笔值得做的政治交易。对此，孔颖达《疏》曾有十分精辟的分析："（公子）恶是齐甥，齐侯许废恶者，恶以世適嗣立，不受齐恩。

（鲁）宣以非分得国，荷恩必厚。齐侯新立，欲亲鲁为援，故许之。"于是乎，襄仲非常轻松地排除了齐国可能干预的障碍，可以放心大胆地按照既定计划废嫡立庶了！

没有了任何顾虑，襄仲与敬嬴联手，开始了下一步的罪恶行动。他们首先设法除去朝廷上的最大绊脚石叔仲。据《左传·文公十八年》记载，他们的具体手法是，假借公子恶的名义召叔仲入宫议事，"以君命召惠伯"。这剧本写得很拙劣，明眼人一看就知道这是一个圈套，所以叔仲的家臣公冉务人劝说他不要上当，"其宰公冉务人止之"。叔仲为人正派，是君子，而君子总是斗不过小人。他依然执意入宫，理由是"死君命可也"。即使公冉务人尽最大的努力来劝阻："若君命，可死；非君命，何听？"也终究是白费心机，叔仲"弗听，乃入"。结果当然没有任何意外，叔仲不仅命丧黄泉，还死得异常难看，"杀而埋之马矢之中"。

同时，襄仲也将屠刀砍向鲁文公的嫡长子公子恶和次子公子视，斩草除根，以绝后患，"冬十月，仲杀（公子）恶及（视）"。两个只有十三四岁的少年，就这样喋血宫闱！而敬嬴、襄仲等人的罪恶计划，也终于称心如意地实现了！历史上，小人战胜君子，劣币驱逐良币，也许才是常态。哀姜及其两个儿子的遭遇，就是一个很有说服力的典型例子。

哀姜失去了人生中宝贵的一切，在夫死子亡的残酷现实面前，鲁国再也没有她的立足之地。于是，她只好永远地离开这块渗透着鲜血与泪水的土地，返回娘家齐国，在日日夜夜的泪水洗面中，度过自己的残生："夫人姜氏归于齐，大归也！"（《左传·文公十八年》）于是，就有了本文开头的那一幕："将行，哭而过市。曰：'天乎！（襄）仲为不道，杀嫡立庶！'"而在强权面前，那些明白事理可又手无寸铁的"市人"，除了陪着这可怜的女人哀伤和痛哭之外，又能做些什么？现实就是这么残酷无情！好在历史记下了这一幕，也给了这个苦命的女人一个永远的名号："鲁人谓之哀姜。"（《左传·文公十八年》）

同时，这个历史情节也告诫后世的人们，政治，有时候的确很肮脏，很残忍。在哀姜的身上，我们能够看到，在权力与利益的面前，所谓"亲情"，所谓"血缘"，其实都脆弱至极，甚至无足轻重。在各种冠冕堂皇的名义下，它们很容易被轻易地抛弃、任意地践踏。

"吃瓜"就好：泄冶丢命的启示

　　古代历史上冤案很多，而作为君主豢养的奴才，有一个基本事实始终要搞清楚、弄明白：你如同鲁迅先生《阿Q正传》中所提示的那样，其实并不姓"赵"，不要太自作多情，替主子乱操闲心，切忌"皇帝不急太监急"，混淆自己的身份。否则，哪怕你为国事全力以赴，到头来也是"事君数，斯辱矣"，自讨没趣，甚至招惹来无妄之灾，"反送了卿卿性命"。先哲有云"君子思不出其位"，"不在其位，不谋其政"，这实在是最睿智不过的选择。

　　可令人遗憾的是，懂这层道理的人，在历史上只是极少数。对大多数下位者而言，不知道天高地厚，摆不正自己的位置，为君上之事过度操心，以至拍马屁拍到马腿上，上演一幕幕荒腔走板、匪夷所思的闹剧，才是常态。《左传·宣公九年》所记载的公元前600年陈国大臣泄冶被杀事件，就是其中的一个例子。

　　当时陈国在位的国君，是陈灵公。这位仁兄的德行品性，可以简单地用八个字来概括：生性邪僻、荒淫无道。这从他谥号曰"灵"就可见一斑①。不知道是通过什么渠道,他与生性淫荡的大夫御叔之妻夏姬(这女人,出身可是高贵得很,是郑穆公的女儿,可惜家教失败)勾搭成奸,这也成为陈国高层政治圈中人人皆知的丑闻。

如果事情只是陈灵公与夏姬两人之间的你情我愿,巫山云雨,那么,这丑闻虽然说不上光彩,但也不至于闹得满城风雨,一发不可收拾。毕竟,对当时的君主来说,只要大节不失,偶尔玩几个美女,给个别大臣戴上绿帽,也无伤大雅,甚至可美其名曰"倜傥风流"。可是陈灵公的实际做法,却完全突破了一般人心理上的底线:他觉得自己与夏姬私通不够过瘾,变着法子玩新花样,来了个美色共同"分享",让陈国卿大夫孔宁、仪行父两人也参与这场淫乱游戏,闹腾得不亦乐乎,"陈灵公与孔宁、仪行父通于夏姬"(《左传·宣公九年》)。

更加夸张的是,他们对这种多人的性游戏丝毫不加掩饰,反而将其完全公开化,真可谓鲜廉寡耻,"皆衷其衵服,以戏于朝"(《左传·宣公九年》)。三人都贴身穿上夏姬的内衣内裤(衵衣),在朝堂上互相展示,彼此炫耀,把本该严肃端庄的政治场所搞得乌烟瘴气,色欲横流。

这时候,身为陈国大夫的洩冶,实在看不下去了,他觉得讽谏陈灵公,及时制止这种荒唐恶劣的乱象,是他当大夫应尽的职责。他真的太把自己"当棵葱"了,以为国家兴亡,匹夫

---

① 《谥法》:"乱而不损曰灵。不能以治损乱。"

有责，自己身为大夫，当然更是责无旁贷。于是乎，洩冶向陈灵公进言：如今君上与卿大夫行男女苟且之事，倡集体淫乱之风，这个榜样做得实在太糟糕了，天下民众都会在边上看笑话，朝廷声名狼藉，君臣颜面尽失，简直是国家的奇耻大辱。君上您假如一时半会还切割不断与夏姬的关系，也至少不要再当众展示身穿夏姬内衣内裤的形象了。快把这些东西收起来，因为这实在是太丢人现眼了！"公卿宣淫，民无效焉，且闻不令。君其纳之。"（《左传·宣公九年》）

陈灵公被洩冶说得狗血喷头，只好轻描淡写地表了一个态度，大意是，我知道自己的闹腾有点过了头，你别急，我会虚心接受你的意见，加以改正的，"吾能改矣"（《左传·宣公九年》）。

可是，待洩冶告辞离开之后，陈灵公一转眼之间，就把洩冶进谏一事告诉了孔宁、仪行父两人，"公告二子"。这两人可是心狠手辣的歹毒之徒，他们也知道，三人同时共享一个美女，并不是一件怎么光彩的事情，并十分清楚，在洩冶的眼里，自己是行迹几近禽兽的无耻之徒。一想到这里，两人就浑身上下感到不自在，禁不住怨气滋生，怒火中烧，干脆一不做，二不休，准备把这个自以为是、爱管闲事的洩冶给办理了，让他为自己的不知轻重、多嘴多舌付出血的代价。于是，他们撺掇陈灵公授权，由他们去杀死洩冶，陈灵公居然也认可了他们的意见，放手让他们去杀人。这样一来，洩冶自然只剩下死路一条了，"二子请杀之。公弗禁，遂杀洩冶。"（《左传·宣公九年》）

洩冶死得很冤，很不值。尽管他向陈灵公进谏，既出于一片忠诚，又是基于改善国君形象、整顿朝廷上下风气的考量，可是他忘了，尽管贵为大夫，自己实质上依然是个"打工人"，至多就是"高级打工人"而已，没有必要去替陈灵公他们操心。换言之，哪怕陈灵公他们把陈国玩残了，也只是他们自己的事情，泄冶根本管不了，也不必"咸吃萝卜淡操心"，只需要一边啃着西瓜，一边看着热闹就是了。所以，《左传》的作者也替泄冶感到惋惜和遗憾："孔子曰：《诗》云：'民之多辟，无自立辟。'其泄冶之谓乎！"（《左传·宣公九年》）正如杨伯峻先生在其《春秋左传注》一书中所解释的那样，"民多邪僻矣，国濒危乱矣，勿自立法度以危身也。"

《孔子家语·子路初见》也指出，泄冶的做法与当年比干的进谏，在性质上是截然不同的。比干作为商纣王的叔父，是真正的"自家人"，他关心社稷安危，乃是理所当然的。而泄冶说到底，不过是个外人罢了，他和陈灵公之间，实际上只是一种买卖交易的关系，对江山社稷的千秋永固或危在旦夕没有责任，千万不该不自量力，无事生非，弄得自己灰头土脸，大败亏输："比干于纣，亲则诸父，官则少师，忠报之心在于宗庙，而己固必以死争之，冀身死之，纣将悔寤。其本志情在于仁者也。泄冶之于灵公，位在大夫，无骨肉之亲，怀宠不去，仕于乱朝。以区区之一身，欲正一国之淫昏，可谓狷矣。"

由此可见，作为"圣之时者"的孔老夫子，也对泄冶的所作所为持有保留的态度。毫无疑问，孔子有着理想主义的壮怀激烈，但是，他老人家同时又很清醒，保持着现实主义的冷静睿智，一针见血指出了导致洩冶悲剧性死亡的症结之所在，就是他没有好好"吃瓜"，多管闲事，入戏太深。这样，人生要想"软着陆"，也必然成为可求而不可即的一种奢望。洩冶的牺牲毫无价值。

所以，吃"瓜"就好，睡个好觉！

补记：

历史最后证明，陈灵公等人恶有恶报。这三个家伙，时不时地拿夏姬儿子夏徵舒的长相互相打趣逗乐：这个说，夏徵舒长得可像你了；另一个说，不对，不对，看上去夏徵舒更像你……这些淫秽的言辞，夏徵舒听着深感耻辱，气不打一处来。于是乎，愤慨之中，他激情犯罪，将陈灵公给杀了。另外两个帮凶算是命大，逃窜楚国，暂时躲过了一劫。

"陈灵公与孔宁、仪行父饮酒于夏氏。公谓行父曰：徵舒似女。对曰：亦似君。徵舒病之。公出，自其厩射而杀之。二子奔楚。"（《左传·宣公十年》）

"一鸣惊人"：楚庄王的雄才大略

在赫赫有名的"春秋五霸"之中，有的实至名归，有的徒有虚名。但是若论功业之巨、霸权之盛，楚庄王当首屈一指。他在位二十三年，伐郑服宋，号令天下；大破晋师，执掌霸权；陈兵周疆，问鼎轻重，俨然是货真价实的旷世霸主。其实，早在即位之初，楚庄王与大臣伍举打哑谜时，就发出了令所有对手都心惊肉颤的誓言："不飞则已，一飞冲天；不鸣则已，一鸣惊人。"历史的进程证明，这不是他心血来潮时的梦呓，而是雄才大略驱动下的心声。春秋历史上，齐桓公的称霸时间长于楚庄王，可是霸业的规模却远不相逮；晋文公的霸业规模也许不亚于他，然而其称霸的时间却要短暂得多。至于秦穆公、宋襄公之流，似乎更是上不得台面了。从这个意义上讲，楚庄王才是春秋时期大小霸主中的第一人。

楚庄王能成为春秋霸主第一人，最重要的条件自然是自身的雄才大略，这也是衡量历史人物成败得失的主要标志。在诸多春秋霸主中，齐桓公是有大略而无雄才，秦穆公是有雄才而无大略；晋文公倒是两者兼备，只可惜天不假年，城濮之战杀声甫定，践土之会钟鼓才歇，他便追随晋献公、晋惠公去黄泉路饮孟婆茶了，还远远来不及充分释放能量、尽情施展天才。唯独楚庄王摆脱了上述种种，得以在历史舞台上淋漓尽致地表演。

楚庄王的雄才大略，其一表现为战略目标的选择始终如一，战略手段的运用文武并举。战略目标选择得当，是霸业成功的前提条件。在诸侯列国争霸无已，多种势力此消彼长的背景下，作为战略决策者，最主要的任务，是清醒分析形势，透过扑朔迷离、错综复杂的现象，把握住问题的实质，决定根本的发展方向，确立最终的战略目标。这方面，楚庄王的选择可谓高度明智、十分清醒：他上台后，始终把重振楚国雄风、角逐中原霸权作为其毕生奋斗的终极目标；同时清醒地意识到，眼前最大的障碍来自晋国，必须尽全国之力，一举击败晋国，才能真正号令天下。正是基于这样的认识，楚庄王才有针对性地展开全方位的政治、军事、外交、文化活动，使自己的一切行动都围绕最终战胜晋国这个目标，从而更加合理地配置各种战略资源，一步一个脚印，实现既定的战略目标。

在目标确定之后，战略手段的运用也就成为亟待解决的问题：是单纯用军事暴力推进事业，还是文武并用，通过政治、军事、外交、经济等综合手段去实现自己的战略规划，必须做出明智的抉择。楚庄王的高明，正在于他既注重武力的主导作用，又不单纯迷信武力，而是特别重视用政治、外交等手段配合策应军事行动，"伐谋""伐交"与"伐兵""攻城"多管齐下。如在平定国内若敖氏叛乱的过程中，注意以政治攻心的方法，瓦解叛军的意志、分化敌人的营垒。又如在邲之战前夕，用外交手段分化、拆散晋国的同盟，将郑、蔡、陈、曹、卫、鲁等中小诸侯国拉拢在楚国的周围，使晋国处于孤立状态，从而为楚军一战而胜创造了条件。

其二表现为战略准备的充分扎实、战略谋划的细致全面。要实现理想的战略目标，必须做好最充分的准备。楚庄王当然是深谙这层道理的。为了最终击败宿敌晋国，他脚踏实地、有条不紊地从事各方面的准备。一是选拔与任用各类人才，将孙叔敖、沈令尹、伍举等贤能放置到重要岗位，发挥应有的作用。二是教育军民，统一思想，为即将到来的晋、楚决战凝聚士气、鼓舞斗志："无日不讨国人而训之于民生之不易，祸至之无日，戒惧之不可以怠；在军，无日不讨军实而申儆之于胜之不可保。"(《左传·宣公十二年》)三是健全各种制度，改良政治，发展经济，为战略决战提供物质与政治上的保证："荆尸而举，商农工贾不败其业"，"蒍敖为宰，择楚国之令典……百官象物而动，军政不戒而备，能用典矣。……内姓选于亲，外姓选于旧，举不失德，赏不失劳，老有加惠，旅有施舍。君子小人，物有服章，贵有常尊，贱有等威，礼不逆矣。"(《左传·宣公十二年》)在做好战争准备的基础上，楚庄王注意使战略的酝酿尽可能细密成熟，避免在具体决策上犯轻敌冒进、顾此失彼的过错。具体做法是广泛听取谋臣的意见，择善而从。如邲之战前夕，孙叔敖反对与晋国全面交锋，楚庄王本人对是否立即与晋决战也心存疑虑。是近侍伍参对双方军情的分析使得楚庄王豁然开朗，遂纳其言，而与晋军在邲地展开决战，并最终取得决定性的胜利。

其三表现为战略步骤的实施循序渐进，时机的把握恰到火候。有正确的方向与充分的准备，只意味着战略成功的可能性，并不等于其必然性。要圆满实现既定的战略目标，战略步骤是否合理，战略时机是否恰当，实是其中不可忽略的影响因素。楚庄王在这方面的作为，也达到了炉火纯青的境界。在战略步骤的实施上，他坚持循序渐进、步步为营的稳妥方针，具体地说，就是先内后外，先易后难，先弱后强：率先平定内部，安顿后方；接着廓清周边，灭亡群夷小国，拓展楚国战略纵深；再打击郑、宋等国。一切就绪之后，才同晋国进行决定性的会战。在时机的把握上，楚庄王善于利用晋国全面树敌、陷入多线作战的被动局面，步步进逼、将对手压迫到死角，使晋国君臣"不竞于楚"（《左传·宣公元年》）的忧虑与恐惧最终变为现实。

其四表现为战略善后的做法有利、有节，战略头脑的清醒无可挑剔。楚庄王最让人肃然起敬的，还不是他的功业显赫，而是他对待人生巅峰时的谦和心态和节制立场。成就一代大业的君主，最容易滋生的毛病是忘乎所以，骄傲自大。因此，逆境中奋进固然颇不容易，而顺境中发展则更加困难。历史上夫差、唐玄宗、后唐庄宗李存勖等人的沉浮就是典型的例子。因此，《诗经·大雅·荡》所说的"靡不有初，鲜克有终"便成了永具警示意义的宝训。而楚庄王却很好地摆脱了这种宿命的怪圈。

他在实现自己战略目标的过程中，始终坚持有利、有节的原则，力求做到战争善后平和顺当，尽可能消除各种矛盾与隐患，化解来自敌方的反抗，使自己的军事胜利建立在坚固的基础之上。这一理念，在楚庄王的具体军事行动中有着不止一次的体现。如当郑国表示屈服的时候，他主动撤围，同意对方的请和要求；当宋国顽固抵抗最终不支、愿意媾和时，能非常大度地宽恕宋国的所作所为，放其一马；当陈国灭亡后，能根据"兴灭国，继绝世"的礼乐文明精神，同意其恢复国家，再造社稷。凡此等等，不一而足。尤其教人佩服的是，邲之战楚国大获全胜，许多楚国将领主张将晋军尸身叠垒为京观，向晋国炫耀楚军的神勇，并报城濮之战惨败之仇。然而，楚庄王坚决制止了这种耀武扬威的举动，并就战争提出了一番发人深省的见解："夫文，止戈为武……夫武，禁暴、戢兵、保大、定功、安民、和众、丰财者也。"（《左传·宣公十二年》）强调战争不是目的，而只是一种为实现和平而迫不得已动用的手段，这一见识的确是超越一般古人而独领历史风骚的。由此可见，楚庄王不仅是一位大战略家，更是一位不世出的政治家。

都是硬话惹的祸：
晋国输掉邲之战的诱因

　　玩外交，最忌讳的就是虚张声势、使气斗狠，不懂得放软身段，做到外柔内刚，而只会要嘴皮子功夫，咄咄逼人，最终把一手好牌打烂，成为天下的笑柄。

　　前事不忘，后事之师。春秋时期的许多外交活动，都给人留下了深刻的印象。这方面，既有成功的经验，如楚国屈完在召陵之盟前夕巧妙挫折齐桓公的军事威胁、郑国烛之武智退秦师，也有足以让后人引以为戒的教训，比较典型的如邲之战爆发前晋国先縠因言辞不当而激化矛盾，导致大战无可避免地发生，晋军遭遇春秋时期绝无仅有的惨败。

　　众所周知，在春秋的大部分时间里，西周所确立的"礼乐文明"精神依然存在于社会生活之中，贵族文化优雅高贵的气质与情操还是为不少人所认同和坚持。换言之，以"忠信"为核心的君子之道，是当时人们普遍皈依的精神家园和理想追求。这反映在军事、外交的场合，就形成了一种比较奇特的历史文化景象：尽管形势剑拔弩张，冲突一触即发，但矛盾双方都依旧坚守贵族的尊严，不逾越尚"礼"重"信"的底线，表现出温文尔雅、彬彬有礼的风度，这就是顾炎武《日知录》"周末风俗"条中所说的"春秋时，犹尊礼重信""重聘享""宴会赋诗"的时代色彩。

晋、楚争霸，是春秋中期历史嬗变的主旋律。当时，双方已经陷入了后世所说的"修昔底德陷阱"。矛盾的焦点，是守成的第一大国晋国，与在楚庄王领导下新崛起的第二大国楚国，为争夺对地处中原核心区域的郑国的控制而不惜付诸武力，生死相搏。矛盾不断积累，日趋尖锐，导致双方关系的彻底破裂，剑拔弩张，火药味十足，一场大战一触即发。从这个意义上来说，公元前597年晋、楚邲之战的爆发，本来就是大概率的事件。

然而，这并不意味着晋、楚双方一定会走到彻底决裂的那一步，兵戎相见，拼个你死我活。如果能够在千钧一发之际，通过高明的外交斡旋，折冲樽俎，赢得回旋的空间，那么缓和形势，避免战事，还是存在一定的希望的。毕竟两个大国实力上不分轩轾，谁也不能保证自己稳操胜券，在正式启动战争问题上都多少有所顾忌，畏首畏尾。由此可见，战前双方的军事、外交交涉，直接关系着最后和平的成败。

应该说，楚国使者的外交辞令，非常漂亮和委婉，多少透露出尝试拔掉战争引信的主观愿望：我们的国君（楚庄王）年轻时曾经遭遇了种种忧患，不善于辞令。回顾历史，我们楚国先王楚成王、楚穆王都先后出入过郑国（这意思是说，郑国自古以来就是我们楚国的势力范围，我们干预该国的外交结盟和战略选择，是天经地义的，也是合理合法的）。所以，如今我们的国君光顾郑国，只是想效法先王，对它进行教育和惩戒，让它今后稍稍懂得点礼貌，和我们楚国真正冰释前嫌，重修旧好。总之，这都是我们楚国和郑国之间的矛盾，哪里敢得罪您晋国！既然晋国是局外人，与此事无关，那么，我们真心地希望诸位将军早点打道回府，请不要在郑国的国土上逗留得太久了。"寡君少遭闵凶，不能文。闻二先君之出入此行也，将郑是训定，岂敢求罪于晋！二三子无淹久。"（《左传·宣公十二年》）

而晋国方面的回复，同样是十二万分的客气，毕恭毕敬，多少呈现出不愿开第一枪的心态。"随季对曰：'昔平王命我先君文侯曰：与郑夹辅周室，毋废王命。'今郑不率，寡君使群臣问诸郑，岂敢辱候人？"（《左传·宣公十二年》）你们楚国能抬出成王、穆王替自己的行为寻求合法性的依据，那么，我们晋国就依样画葫芦，直截了当地请出周天子的神主牌；而且在时间上，我们还比你们早得多，那还是东周初年的周平王时代。我们晋国早就与郑国浑然一体，所以，在这个世上，也就只有我们晋国，才有资格过问郑国之事（潜台词是此事与你们楚国无关，楚国所作所为，纯粹是狗拿耗子，多管闲事）。如今郑国做事荒腔走板，按照晋、郑一体的历史惯例，我们的国君就委派我们前来郑国问话，要求郑国给一个说法。此事就这么简单，哪里敢劳烦你们楚国的官吏迎来送往？

大家话都讲得冠冕堂皇，温和柔软，但从根本上看，则是都坚持了自己的原则，认为只有自己一方才有对郑国的支配权，在这个问题上，是没有任何讨价还价、妥协让步的空间的。所谓"胜国若化，不动金鼓。善战不斗，故曰柔武"，这就是外圆内方、外柔内刚的春秋式外交，是"柔武"观念在当时外交角逐中的一种体现。不过，尽管如此，双方还是有所忌惮，不敢轻启战端，只希望对方知难而退，"不战而屈人之兵"；即使退一万步说，真的开打，也必须控制在一定的范围之内，点到为止。

但是，晋国将领先縠却把事情彻底搞砸了。其中的关键性问题，就出在他的外交辞令太强硬、太嚣张。他的言辞，在今天看来似乎很正常，但是在讲风度、讲礼貌的春秋时期，就显得相当过分，特别刺激了："寡君使群臣迁大国之迹于郑，曰：'无辟敌！'群臣无所逃命！"（《左传·宣公十二年》）这意思就是说：我们的国君让我们这些大臣统率大军，将你们楚国的军队从郑国国土上驱逐出去，并明确下达命令，要求我们不允许在敌人面前示弱，不准躲避敌人。我们当臣子的，别无其他的选择，只能坚决地执行命令，和你们周旋一番了！

这话是说得痛快，可是导致的后果却很严重。晋、楚双方之间再也没有了妥协和回旋的余地，两列高速疾驰中的火车失去了刹车，铆足劲迎头相撞。至此，谁也无力阻止邲之战的爆发，任由喋血沙场变成了残酷的现实。更加不幸的是，晋国在这场战争中惨遭败绩，原本首鼠两端，并未做好充分准备的军队，让楚庄王麾下的雄师劲旅杀得丢盔弃甲，鬼哭狼嚎。晋国历经晋文公、晋襄公几个时代的努力，好不容易赢得的霸主基业至此轰然崩塌，成就了新一代霸主楚庄王的伟业。由此可见，晋军统帅部内部个别人不计后果，只图一时口舌之快的"战狼"式外交，给晋国带来的，是一场颠覆性的灾难。

南冠楚音：春秋时期少见的
"爱国"范本

明清易代之际，江南地区是反抗清兵血腥杀戮的坚强堡垒，那里的不少士大夫和普通民众，秉持千百年来"华夷不两立"的文化观念，前仆后继、死不旋踵地投身于抗清事业，谱写了无数可歌可泣、感天动地的英勇篇章，虽然说他们的坚持和反抗，总是以失败而告终，并没有能改变历史的进程，但是，其间所展现的英勇气概，所洋溢的壮烈精神，乃是"历千万祀，与天壤而同久，共三光而永光"的，所谓"其人虽已没，千载有余情"是也。

在众多为抗清事业抛头颅、洒热血的志士仁人之中，天才少年夏完淳的义举尤为壮烈。他是聪颖早熟的诗人，更是少年老成的英雄，在他父亲夏允彝和授业老师陈子龙的教育熏陶之下，他十四岁就投笔从戎，加入了抗清义军的队伍，与肆行"扬州十日""嘉定三屠"的残暴清军进行殊死的斗争。但是，个人的兼人之勇，在时代面前只是螳臂当车，整整三年下来，夏完淳和他的同伴并没有迎来翻盘的机会，孤勇的义军终于被强大的清军所击破，其父和其师均壮烈殉国，而他自己，也在十七岁那年，不幸成了清军的俘虏，被俘后，他拒绝了清廷的劝降，从容赴死，慷慨就义！

夏完淳将自己从被俘到英勇就义期间所撰写的诗篇，勒为一编，冠名为"南冠草"，言"南冠"，是点明诗集的性质，即身为囚俘期间的诗歌创作。言"草"，乃是展示作者自己的谦逊心态，表明诗作系仓促写就，还比较粗糙，尚属于草稿性质，有待进一步打磨完善。这部诗集，共收录五律十首，七律三首，七古二首。虽然夏完淳谦虚地将这些诗称之为"诗草"，可事实上，这些诗作，在艺术上已臻于完善，思想格调上更是境界高迈，雄视千古，至今读来，犹凛凛富有生气！例如五律《别云间》："三年羁旅客，今日又南冠。无限山河泪，谁言天地宽。已知泉路近，欲别故乡难。毅魄归来日，灵旗空际看。"这是何等的悲壮，又是何等的悱恻，是怎样的激越，又是怎样的委婉，寄托着人间最柔和美好的生活情感，同时又洋溢着天下最坚毅刚强的爱国精神。无怪乎，此诗会被选入教育部统编的义务教育九年级下的《课外古诗词诵读》系列之中。

很显然，夏完淳是将"南冠"引以为自己矢志抗清，并且不惜以身殉国的具体意象的。换言之，"南冠"二字在他的笔下，乃是传承和弘扬爱国主义伟大情操的重要喻体。而他之所以对"南冠"这意象"念兹在兹"，就在于它本身就是历史上的一个重要典故，代有发展。"楚囚南冠"故事所呈现的，是浓厚的爱国主义情操，夏完淳的选择与坚守，就是这种高尚情操的异代相传，一脉相承。

"楚囚南冠"的历史典故，详见于《左传·成公九年》的记载。晋景公有一次视察军用仓库，见到了一个穿着楚国服饰的囚徒，便问看管的人说："南冠而絷者，谁也？"戴着南方人的帽子而被囚禁的人是谁呀？见国君发问，晋国的主管官员就回答说：那是郑国人所献的楚国俘虏，名叫锺仪。晋景公就让人将这个楚国俘虏开释，而后又亲自召见了他，并对他表示了慰问，予以安抚。"使税之，召而吊之。"

两人见面后，晋景公询问锺仪的世系职业，锺仪回答说：我是乐官。晋景公接着又问：那么，你能够奏乐吗？锺仪答复，那当然。这是我家世世代代掌管的职务，我岂敢从事其他的工作？"先人之职官也，敢有二事？"晋景公让人拿琴给锺仪弹奏，他弹奏的是南方地区的乐调，"操南音"。晋景公意兴不减，向锺仪发问：你们的君王如何啊？锺仪战战兢兢地回答道：这可不是小人我所能知道的呀。晋景公不依不饶，一再问同一个问题，锺仪就勉强地做了如下的回答：他做太子之时，有师保侍奉他。他呢，每天早晨总是向婴齐请教，晚上总是向侧请教。至于其他的事，我就不知道了。"其为大子也，师、保奉之，以朝于婴齐而夕于侧也，不知其他。"

晋景公把这件事告诉了自己所信任的卿大夫范文子。范文子就此发表意见说：这个楚囚可是个君子。言辞中举出先人的职官，这是不忘根本；奏乐演奏家乡的乐调，这是不忘故旧；列举楚君（楚共王）做太子时的事情，这是没有私心；对二卿直呼其名，这是尊崇国君。不忘根本，是仁爱；不忘故旧，是守信；没有私心，是忠诚；尊崇国君，是敏达。用"仁"来办事，用"信"来坚持，用"忠"来完成，用"敏"来执行，哪怕做再大的事情也能获取成功！君王您何不放他回楚国，让他成为搭建晋、楚两国间友好关系的桥梁。

"楚囚，君子也！言称先职，不背本也。乐操土风，不忘旧也。称大子，抑无私也。名其二卿，尊君也。不背本，仁也。不忘旧，信也。无私，忠也。尊君，敏也。仁以接事，信以守之，忠以成之，敏以行之。事虽大，必济。君盍归之，使合晋、楚之成。"

范文子这番话透彻精辟，切中肯綮，正中晋景公之下怀，故此晋景公欣然采纳，"公从之，重为之礼，使归求成"。这个"南冠楚音"的历史插曲到此画上了最后一个音符。

在当时中原人的印象里，楚国人士比较明显的短板，是对国家不甚忠诚，甚至时有背叛，晋"粉"、吴"粉"太多，一些人动辄出走他国，投奔敌营，充当带路党。从申公巫臣、苗贲皇，到伍子胥、伯嚭、囊瓦，可谓层出不穷。在这样的背景下，有锺仪这样的戴"南冠"、操"南音"事迹发生，从晋人的视角看，的确是难能可贵的了。

在这则故事中，锺仪的风范可谓是跃然纸上，他的高尚爱国情操也历历在目：能够奏乐，说明锺仪始终牢记自己的职责；乐操南音，表明他心里一直存有故国之思，矢志不忘；不妄议君王，意味着他始终恪守为臣之道。锺仪这种不背本、不忘旧的真挚故国之情和拳拳赤子之心，在"虽楚有材，晋实用之"

（《左传·襄公二十六年》）的大背景下，称得上是十分稀罕的现象，因此《左传》的作者要对此加以详尽的记载，予以浓墨重彩的渲染了。

如果从晋、楚争霸的大视野下深层次考察锺仪事件，我们可以看到这里面包含着更深的历史文化因素。晋、楚争霸在整个春秋历史上是主线，是一种常态，但是，这并不排斥在一定时间点上双方谋求妥协，致力缓和。不论是晋国还是楚国，都秉持"张弛有度"的战略方针，懂得该对抗时坚决对抗，该竞争时大胆竞争，该缓和时努力缓和。从这个意义上说，锺仪受晋国君臣的礼遇，得以被开释返回楚国，不过是当时晋、楚军事外交大棋局上的一次平局而已。

公元前597年晋、楚邲之战爆发，晋军遭受一场惨痛的失败，其中原霸主的地位也随之拱手让与了楚国，可谓是元气大伤，亟须时间来疗伤。为此，晋国君臣都变得低调了，楚人围宋，宋求救于晋，晋以"虽鞭之长，不及马腹"（《左传·宣公十五年》）为托词，予以婉拒，总之，就是不想在条件尚未成熟的情况下，仓促草率地与楚国正面硬刚。晋国君臣都很清醒，楚国风头正劲，晋国的正确对策应该是避其锐气。"天方授楚，未可与争！"（《左传·宣公十五年》）

锺仪获释事件发生在公元前582年，那时，距离邲之战晋国战败，已过去了十五年，雄才大略的楚庄王也已逝世，楚共王继位成了楚国的新领袖。但是，晋国这时还没有做好翻盘的充分准备，需要用时间来换空间，逐渐实现晋、楚双方战略优劣态势的转换。而要做到这一步，最佳的途径，就是继续放低自己的身段，装出一种"无辜"的模样，在与楚国交涉过程中，尽量淡化对抗、斗争的色彩，而呈示缓和、友好、合作的姿态。所幸的是，天遂人愿，这个时候上天送来了锺仪这个大礼包，晋景公岂能轻易放过？自然要好好把握，充分利用。于是乎，就有了厚待楚囚，"重为之礼，使归求成"这一幕。

由此可见，楚囚锺仪被"礼遇"和开释的事件，不过是晋国君臣营造当时晋、楚新型战略竞争关系时的一个"抓手"、一个环节而已，在统治者莫测高深的大棋局里，普通人总是身不由己地充当棋子，这应该说是锺仪本人的宿命，而其身上那种纯粹的爱国情操，哪怕被后世看作青史留名的凭证，在当时的环境下却只是一点附加值，是晋、楚两国战略角逐过程中一种意外的衍生物。

杂于利害：范文子的战略远见

英国著名战略学家利德尔·哈特，在其代表性著作《战略论》一书中指出：军事战略的最主要特征，就是战略指导者要有能力区别哪些是能够办到的，哪些是不能够办到的。这实际上是给人们展示了一个最深奥却又最简单的道理：从事任何社会活动，都要求人们具有卓越的战略意识，要深谋远虑，未雨绸缪。在铁血厮杀、生死较量的军事斗争方面尤其如此。

作为军事统帅或将领，如果目光短浅、见识平庸，不能做到洞幽察微，参悟长远战略利益与眼前战术得失之间的辩证关系，只顾蝇头小利，而对根本的、全局的战略目标熟视无睹，那么他的格局就高不到哪里去，至多只能成为一员普通的战将，而不可能跨入战略家的行列。

春秋中期，晋厉公在位时的世卿重臣范文子可谓战略眼光长远。我们从他对晋、楚鄢陵之战的认识就能够看出他的战略观念高人一等，善于透过扑朔迷离、错综复杂的形势，从大局出发，着眼于根本利益，去伪存真，正确理解并评估战略前景的卓越见识，即所谓"夫未战而庙算胜者，得算多也"（《孙子兵法·计篇》）。

略通历史的人都知道，在晋、楚争霸史上，城濮之战、邲之战、鄢陵之战各具里程碑式的意义。公元前632年城濮之战，晋文公伐谋伐交，以退为进，后发制人，一举战胜气焰嚣张一时、兵力占有优势的楚国大军，"取威定霸"，召开轰轰烈烈的践土大会，一跃而成为中原地区的霸主；楚国北进中原的势头受到遏制，在很长一段时间内龟缩于汉、淮流域。而公元前597年的邲之战的结果是晋国中军将荀林父统率的晋军兵败如山倒，楚庄王驱兵长入中原，陈师周疆，耀武扬威，俨然取代晋国而为诸侯之伯。问九鼎之轻重，不再只是偶然的表演。公元前575年爆发的鄢陵之战，则是晋、楚这两个老对手争霸大战的第三阶段，也是两国军队之间最后一次主力会战。是役，晋胜楚败的结局，标志着楚国对中原的争夺从此走向颓势；晋国东山再起，卷土重来，再一次对楚国取得明显的战略优势，其称霸大业进入到极盛的阶段。

按理说，作为晋国统治集团核心成员之一的范文子，应该对晋国的大获全胜、所向披靡感到由衷的欢欣鼓舞才是。的确，含辛茹苦、时来运转，把多年的劲敌楚国杀得一败涂地，狼狈逃窜，使得郑、宋等中小诸侯国纷纷改换门庭，叛楚附晋，乃是一件扬眉吐气，极有面子的事情！

然而，实际上的情况与之大相径庭。范文子从一开始就反对晋国从事这场胜券在握的战争，认为这完全是图慕虚名而惹取实祸的赔本买卖，就连战争的最终获胜也不能激发起他的兴趣和热情。

早在进行鄢陵之战战略决策之时，范文子就明确表示不赞成晋、楚开战。他的主要理由是，晋国的忧患在内部而不在外部，在晋国面临着深重的内部危机，形势吊诡不可捉摸的关键时刻，最稳妥的战略选择是沉着冷静，硬干不如观望。"我伪逃楚，可以纾忧……我若群臣辑睦以事君，多矣。"（《左传·成公十六年》）

他还进一步分析论证了晋国战略决策必须随着战略形势的变化而及时进行相应的调整：晋国在很长一段时间里南征北战，是因为在邲之战中失败后，其战略处境恶化危殆，周边强敌环伺：南有楚国的攻势，西有秦国的威胁，东有齐国的捣乱，北有戎狄的趁火打劫。社稷风雨飘摇。在这样的局面下，晋国非战则不得摆脱危机，绝处逢生。只有"针尖对麦芒"，以军事的手段各个击破对手，确保国家的生存和发展。但是，现在的形势却完全不同了，晋国已经摆平了秦、齐、戎狄三大敌人，只剩下楚国一个强敌。"今三强服矣，敌楚而已。"（《左传·成公十六年》）所以晋国不必急于去收拾楚国，恰恰相反，倒是应该有意识地保留这个对手，来为晋国自身国家整体利益服务：政治生态学的基本特征之一，就是"穷寇勿追"，永远要善待对手，以之长久地激励自己；切不可一统江山，弄成"白茫茫大地真干净"！

考虑到这一点，范文子强调，不如收敛锋芒，暂时保留楚国这个外患来转移大家的视线，以稳定晋国的内部："惟圣人能外内无患，自非圣人，外宁必有内忧。盍释楚以为外惧乎？"（《左传·成公十六年》）

所以，他一再主张放弃进攻战略，避免和楚国全面摊牌、正面交锋。应该说，他的这个认识与后来孟子"无敌国外患者，国恒亡"的见解相一致，也与晋国当时的社会政治局面相符合。

长期以来，晋国统治集团内部存在着尖锐的矛盾，自曲沃武公通过叛乱夺得政权，以支孽取代嫡宗以来，又经历晋献公"尽诛群公子""骊妃之乱"等重大变故，可谓是一波未平一波又起，并多次激化为血腥的冲突。其国内卿大夫权力过大，各拥军队，钩心斗角，政出多门，互相拆台，乃是无法治愈的痼疾，严重影响了晋国称霸中原大业的顺利进行。在外患迭至，形势危殆的情况下，国君与卿大夫之间尚能够齐心协力，一致对外，如同《孙子兵法·九地篇》中所说的那样，"夫吴人与越人相恶也，当其同舟而济，遇风，其相救也如左右手"，使得种种内部弊端暂时被掩盖起来。但是一旦外患消除，那么，原先所潜伏的国内政治矛盾便会迅速激化，导致残酷的内讧。

《孙子兵法·九变篇》有云："智者之虑，必杂于利害；杂于利而务可信也，杂于害而患可解也。"范文子正是朴素辩证地看待利害得失关系，从根本战略利益出发考虑问题，才坚决主张不与楚军展开决战的。

遗憾的是，晋国当时的实际执政者、中军将栾书却是一个战略目光短浅而又刚愎自用的庸人。他只看到表面上对晋军有利的作战形势，认为战胜楚军犹如探囊取物，所以坚决主张早打、大打，一剑封喉，底定天下。栾书斩钉截铁地表示："不可以当吾世而失诸侯，必伐郑。"（《左传·成公十六年》）。战略意识同样平庸的晋厉公采纳了栾书的意见，于是大举兴师，与楚共王、司马子反带领的楚军在鄢陵（今河南鄢陵西北）地区摆开阵势，一决雌雄。鄢陵之战就此爆发，时值公元前 575 年农历六月。

如栾书等人所料，鄢陵一役，毫无悬念是晋军赢了，这使晋国上下欢腾雀跃，把酒庆功，是所谓"得意则恺歌，示喜也"（《司马法·天子之义》）。

然而头脑异常冷静清醒的范文子并不为这种胜利的表象所迷惑，而仍然坚持自己的主张。面对晋军自鄢陵凯旋的热闹场面，他不但没有兴高采烈，反而更加忧心忡忡，认为整个国家实际上正处于深渊边缘，随时随地有爆发内乱的危险。为了躲过这个劫难，范文子甚至希望自己快点死去，眼不见为净，以免不明不白做了大动乱的牺牲品："君骄侈而克敌，是天益其疾也，难将作矣。爱我者唯祝我，使我速死，无及于难，范氏之福也。"（《左传·成公十七年》）

《老子》有言："祸兮，福之所倚；福兮，祸之所伏。"形势的发展，果真证实了范文子的远见。当晋国的霸业达到辉煌顶点的时候，也正是其衰运开启之际。晋厉公取得鄢陵之战大捷后，认为已经没有外患对自己构成威胁，倒是内部的政治生态成了严重的问题，遂集中精力对付国内的强卿宗室："晋厉公侈，多外嬖。反自鄢陵，欲尽去群大夫，而立其左右。"（《左传·成

公十七年》)

晋厉公先是凶狠出手，一个早上便诛杀了郤至等"三郤"，使桀骜不驯的郤氏宗族遭遇灭门之祸；接着又无端剥夺了栾氏、中行氏的权力，闹得拥有实权的贵族大臣人人自危、朝不保夕，结果导致强力反弹，晋国内部的各种矛盾迅速激化，动乱随之全面爆发。这么一来，不仅晋厉公的亲信胥童等人丧命刀下，他本人也没有落得个好下场，在腥风血雨中走上了不归路。

这场残酷血腥的内部动乱，使得晋国在鄢陵之战后所取得的相对战略优势很快化为乌有，也导致晋国的政局长期处于风雨飘摇、动荡不安的状态之中。日后虽然也短暂出现过"晋悼公复霸"的历史场面，所谓"三驾而楚不能与争"（《左传·襄公九年》)，但这毕竟是回光返照。从某种意义上说，后来齐、晋之间先后发生平阴之战、太行之战，盟国关系迅速破裂；晋公室日益没落，一蹶不振，乃至最终导致"六卿相残""四卿争权""三家分晋"，诸如此类，都可以从鄢陵之战看出端倪。草蛇灰线，历史早已留下了伏笔。

由此可见，范文子有关鄢陵之战问题的认识，绝不是杞人忧天，而的的确确是极其宝贵的战略远见，所谓"知彼知己，胜乃不殆；知天知地，胜乃不穷"（《孙子兵法·地形篇》)。可惜的是，"落花有意，流水无情"，他的战略远见未能为最高决策者所重视、采纳。否则，统一天下，主宰六合的机会，哪里会轮得到"僻处一隅"的秦国，而倘若真的如此，则春秋后期乃至整个古代中国的历史也许都要重写了。

显而易见，战略家、决策者的高明，在于有全面驾驭利害关系的杰出智慧，尤其是能够清醒地分清主次轻重、利害缓急。换言之，趋利避害，不仅是一个功利选择问题，更是一个哲学考察问题。

就"利"而言，有根本之利与枝节之利、长远之利与眼前之利、全局之利与局部之利、实质之利与表面之利之别。"害"的情况也与之一一对应。高明的决策者趋利避害的关键，就在于求根本、长远、全局、实质之利，而不为枝节、眼前、局部、表面之利所迷惑，以致做出错误或短视的决策，干扰了根本利益的实现。在鄢陵之战中，范文子所看到的是长远利益，其观察问题的角度是多维、复杂的；而晋厉公和中军将栾书看到的是眼前利益，思维方式是单向、直观的，结果让暂时的表面的利益遮蔽了自己的理智，做出极其错误的战略抉择，损害了根本的战略利益，由此可见，脱离长远的利益去追求一时的成功，是何等的愚蠢！

"利"与"害"相交杂，无单纯之利，也无单纯之害的深刻哲理，在我们周围的生活中也屡试不爽。譬如有的人很有才干，却恃才傲物，你要让他发挥才干，多做贡献，使他的优点、长处得以充分展现，那就必须容忍他个性孤傲、处世乖张的缺陷。否则，你就只好去任用听话老实的人，而很多情况下，这样的人很可能是庸才。但对事业来说，用人才总比用庸才要来得有意义。又譬如，对一切适龄男子而言，总是希望娶到一个既美丽温柔又精明能干的女子为妻。可事实上，这样的事往往难以两全。这一切，均说明事物有利必有弊的现象是不以人们的意志为转移的。

这种"利"与"害"并存的哲学思维，也是我们在今天观察一切问题的最佳视角、解决一切问题的有效手段。改革开放以来，我们国家的发展成就变化之巨大、进步之飞速，大家都有目共睹，这无疑是国家、民族、百姓之"利"。但是用范文子"利害相杂"的观点来考察，在取得大"利"的同时，必定也存在着一定的"不利"，如在经济腾飞，GDP指数猛升的同时，我们的各种资源在急剧减少，生态环境遭污染、遭破坏的情况日益严重。又如，我们又不得不承认，让一部分人先富起来的政策，在某种程度上是以牺牲很大一部分弱势群体的利益为代价的，社会上贫富差距正变得越来越悬殊，越来越成为我们社会所面临的新问题、新挑战。再如，在引入新观念，改变人们的思维模式与行为方式，使之更加合乎现代社会生活节奏与潮流的过程中，我们也痛心地发现，我们民族固有的不少传统美德，像孝敬父母、友悌兄弟、和睦邻居、尊重师长等等，正越来越走向式微，有识之士无不为之而痛心疾首，嗟叹惋惜。凡此种种，均表明"利"与"害"两面一体，如影随形。今天我们一定要对此予以高度的重视，在充分肯定成就的同时，也清醒地看到其背后所蕴含的问题，这样才能不让胜利冲昏头脑，牢牢立于不败之地，即所谓"杂于利而务可信也，杂于害而患可解也"。

利与弊是辩证的统一；而在主体上，看待"利"与"害"也应持辩证的态度。高明的战略家从来不否定同一事物中利与弊的客观存在，只是特别强调要将其控制在一定的范围之内，不让任何一面无限制地膨胀（即便是"利"也不宜过分追求，如投资股票、经营房地产所获之"利"远远大于储蓄生息之"利"，可它们的风险性——"害"之大也是具有毁灭性的），总之，一切在于取舍得当，张弛有度。

从这个意义上说，范文子在鄢陵之战中所体现的高明战略远见，无疑具有超越时空的价值，永远给后人以智慧的启迪。

游刃有余：子产的"弱国外交"

顾炎武《日知录》"周末风俗"条有云："春秋时，犹严祭祀，重聘享。"礼聘朝会，外交博弈，纵横捭阖，折冲樽俎，显然是春秋时期社会政治生活中的一大特征。在这样的时代背景下，涌现出许多优秀的外交家，他们的事迹留名史册，脍炙人口。而郑国子产，就是他们中间的一位杰出代表。

子产，郑穆公之孙，名侨，子产是其字，一字子美。在那个时代，作为一个不大不小的中等诸侯国，郑国的角色颇为尴尬，所面临的各种挑战，也让其统治者"一个头两个大"，感到左支右绌，力不从心。在诸多挑战中，外交上的捉襟见肘，进退维谷，无疑占有关键的位置。

当时，在"国际"上，晋楚争霸正处于胶着的状态，而郑国位处四战之地、南北要冲，在晋楚争霸的夹缝中苟延残喘，汲汲自保。对晋、楚两强来说，谁制服和控制战略枢纽郑国，谁就能占得争霸大棋局上的先手之利，因此两国对郑国的争夺从未停歇。这就使得夹在两国之间的郑国左右为难，谁也得罪不起：与晋友好，则楚国就前来找其晦气；与楚勾搭，则会被晋国狠狠修理。晋楚之间一有摩擦，郑国往往首当其冲，兵连祸结。在国内，郑国的形势也十分艰难，这主要表现为：公室软弱，权威尽失，政权把持在以"七穆"为主的所谓"巨室"手中，他们为争权夺利，斗得死去活来，杀得昏天黑地。用子产自己的话来说，"国小而逼，族大宠多"（《左传·襄公三十年》）。总而言之，郑国内外交困，风雨飘摇，"如蜩如螗，如沸如羹"，根本看不到一点希望。在这种情况下，子产以超人的政治技巧高明地周旋于晋、楚两大国之间，不屈不挠，不卑不亢，有力地维护了郑国的根本利益，并以博大的政治胸怀，一往无前的政治勇气和过人的政治智慧处理国内种种危机，维持了郑国的稳定。孔子对子产的历史贡献推崇备至，赞赏有加，称之曰"仁"，誉之曰"古之遗爱"，这可谓是实至名归，恰如其分。

在"国际"交往中，"弱国无外交"乃是一条颠扑不破的铁律，古今中外，概莫能外。春秋时期的外交，表面上看起来温文尔雅、彬彬有礼：一帮卿大夫一起聆听钟鼓之乐，观赏优美舞蹈，饮酒唱诗，无比风雅。但是，在这温情脉脉、高贵风雅面纱的掩饰之下，却是冷冰冰、赤裸裸的国家硬实力的比拼，是顶着"霸主"亮丽冠冕的大国以看起来最文明的方式鱼肉中小诸侯国。弱小的国家要想在外交上维护自己的利益、支撑自己的尊严，难上加难。郑国不幸处在一个礼崩乐坏的时代，又夹在晋、楚两个争霸大国之间，子产受命于危难之际，周旋于晋、楚之间，有勇有谋，随机应变，最大限度地维护了郑国的利益，堪称弱国外交的典范。

　　城濮之战，晋文公顺应天时，继齐桓公之后，成为中原地区新一代霸主。但作为战败的一方，楚国的实力并未真正被削弱多少，晋楚争霸遂成为春秋时期"国际"关系的主旋律。郑国作为姬姓国家，当然站在晋国这边，成为晋国的小跟班。由于地理位置的特殊性，楚国欲北进中原成就霸业，也必然要征服郑国，晋、楚两国于是对郑国展开激烈争夺。郑国夹在两大强国之间，左右为难，谁也不敢得罪，却又两头不讨好，常常成为两大强国角逐中的牺牲品。早在郑简公继位之初，当政的子驷就制定了"唯强是从"的基本国策，具体的做法是，"牺牲玉帛，待于二竟，以待强者而庇民焉"（《左传·襄公八年》）。郑国随时准备好进贡大国的礼物，晋、楚谁强且能庇护郑国，就随时倒向谁。这一国策，于公元前564年郑与晋及其盟国举行的戏之盟上，在郑卿子蟜的坚持下正式写入载书："自今日既盟之后，郑国而不唯有礼与强可以庇民者是从，而敢有异志者，亦如之。"（《左传·襄公九年》）由此可知，郑国一直摇摆于晋、楚之间，无论哪一方出兵来伐，即乖乖投降，马上臣服。

　　晋国对郑国这种墙头草随风倒的行径十分不满。郑简公十五年（公元前551年），晋国以盟主的身份下令郑国前往晋国朝聘，追究郑国臣服于楚国之事。子产临危受命，出使前往，在气氛肃杀的晋国朝堂上，面对晋国的责难，慷慨陈词，据理力争。他首先回顾了自简公以来郑国与晋国的关系，指出简公曾先后三次朝见晋国，郑之于晋，"不朝之间，无岁不聘，无役不从"（《左传·襄公二十二年》），所做的一切对得起晋国，也对得起良心。虽然有时形格势禁，不得不"贰于楚"，晋国均已讨伐过了，所以，这笔欠债已可以对冲抵销。如果有问题，那也是晋国出尔反尔，政令无常，才搞得郑国不堪应付，无所适从。总之，晋国作为中原诸侯的龙头老大，如果能够安定小国，肩负起保护的义务，那么小国自然会恪尽职守，朝夕去朝见。如果晋国丝毫不考虑对方的利益和实际困难，不怜恤小国的祸患，不愿意承担保护的责任，只是颐指气使，贪求货贿，令小国忍无可忍，那么郑国可不仅仅担心是否能保持友好关系的问题，而是早就变成仇雠了。希望晋国改弦易辙。子产这一番话说得铿锵有力，有理有据，不卑不亢，晋国君臣听了之后面面相觑，无言以对，只好灰溜溜地收回对郑国的责怪与刁难。

这时，晋国统治集团内部的斗争也日趋激烈，公室基本上被抛开了。执政的大夫范宣子贪财好货，对从属国的压榨十分厉害。每次小国去晋国朝聘，都要被勒索一大笔财富，这也成了诸多小国十分沉重的负担，大家苦不堪言，怨声载道。子产对于晋国这种仗势欺人的做法非常看不上眼。郑简公十七年（公元前549年），他乘简公朝见晋侯之机，托陪同简公前去的子西给范宣子捎了封信。在信中，子产严厉地批评范宣子不修令德，只知搜刮钱财；指出这种做法只会导致诸侯离心，晋国衰弱，最终范宣子自己也将自食恶果；奉劝他修德以安晋国、绥诸侯。子产这封信写得文情并茂，义正词严，范宣子读信后，大受触动，不得不减轻诸侯贡物的负担。

随着吴国在春秋中后期的迅速崛起，当时的"国际"战略格局也发生了重大的变化。在晋国的怂恿和支持下，吴国不断进攻楚国，楚国两面受敌，一败再败，疲于奔命，战略上陷入极大的被动，已无力经营北方，与晋国全面抗衡。因此，这一时期郑国在外交上倾向于晋。郑简公十八年（公元前548年），乘楚国无力北顾之机，子展、子产率军队进攻从属于楚国的陈国。打败陈军，攻下了陈国的都城。"陈侯免，拥社。使其众，男女别而累，以待于朝。"（《左传·襄公二十五年》）

取得胜利之后，子产便身着戎装去向晋"献捷"，满心期待会得到晋国的支持。然而晋国对郑国入陈之举非常不满，唯恐郑国乘机壮大自己的实力，摆脱晋国的控制。所以甫一见面，士庄伯就责问子产陈国到底有何罪过，惹得郑国大动干戈。子产抓住郑、晋都是姬姓诸侯，而陈为大舜之后，乃周室所立这一点大做文章，历数陈国忘恩负义的行径。他指出，周室立陈，以备三恪（对前朝遗老的尊敬），武王还把大女儿嫁给了陈国初祖。每逢陈国出了乱子，郑国总是出手为援，陈国的厉公、庄公、宣公、成公都是在郑国的援助下才得以继位的。陈国不仅不感恩，还为虎作伥，助纣为虐，多次跟随楚国攻郑。陈军经行之处，填埋水井，砍伐树林，严重违背礼乐文明的精神，陈国也自知其罪。一番话有理有据，为侵略陈国找了个漂亮的理由。

士庄伯再次找碴，责备郑国不该侵占陈国的土地。子产也毫不示弱地反问：晋国的领土已多次扩张，不吞并小国土地，又是从哪里来的？士庄伯又挑剔他不该身着戎装，子产援引当年晋文公在城濮之战后，以霸主的身份命令郑文公"戎服辅王，以授楚捷"(《左传·襄公二十五年》)的故事，并以不敢废王命为辞，表示戎装献捷，实为循例。至此，晋人理屈词穷，只好打消借机整治郑国的念头。平心而论，子产在这次外交中的表现确实十分出色，成功地为郑国侵略陈国辩护，使得晋国虽然心存不满，却找不到加罪郑国的机会。孔子对此极为赞赏，他说："晋为伯，郑入陈，非文辞不为功。慎辞哉！"(《左传·襄公二十五年》)

在外交场合，子产不光有勇有谋，更有坚定的原则和立场，绝不牺牲本国百姓的利益去讨好、谄媚大国使臣；对他们不合理的要求，也敢于坚持原则，绝不妥协。应该说，这一点尤其难能可贵，也最能反映子产的政治品格与道德风范。郑定公四年（公元前526年），晋执政韩宣子出使郑国。韩宣子有一只玉环，本来是一对，另一只在一个郑国商人的手里，他想趁此机会搭个顺风车，让郑国君臣把玉环配齐。等拜见完郑定公后，韩宣子便直截了当地提出了这一要求。外交是协调国家间利益与关系的场所，他提出私人要求，既不合理，也不合适。尽管如此，郑国大部分卿大夫如子大叔、子羽等天生骨头缺钙，生怕得罪这位贵宾，恨不得马上找来商人迫使其献上。

但韩宣子的无理要求，却被子产当场拒绝，理由是这不是公家的东西，国家不能出面。一点面子也没给韩宣子留。子大叔、子羽等吓坏了，他们指责子产办事孟浪，冒犯贵宾，生怕因小失大，影响到两国关系。子产非常反感子大叔、子羽等人的做法，反驳说，韩宣子奉命出使我们郑国，明明是履行公事，却假公济私为自己寻找什么玉环。东西不重要，但规矩很重要，如果开了这样的头，那么"大国之人令于小国，而皆获其求，将何以给之"（《左传·昭公十六年》），万一有些要求没法满足，只怕得罪的人会更多。所以对于无理的要求，该拒绝的就要坚决拒绝，该驳斥的就要严厉驳斥，以儆效尤，永绝后患。还告诫他们，外交最要命的是放弃原则，不按规矩办事。

碰了一鼻子灰的韩宣子还是不死心，竟然亲自找到商人强行买取。商人心中愤愤不平，告诉他：我一定找我们的大夫子产告你的状！这下子韩宣子心里怵了，怕丢了面子，就主动去找子产坦白："现在我找商人把玉环给买了回来，那商人却要来您这儿告我的状，这是什么说法？"子产正告他，在郑国，政府与商人世有盟誓："尔无我叛，我无强贾，毋或匄夺；尔有利市宝贿，我勿与知。"（《左传·昭公十六年》）商人不背叛国家，国家也不能强买强卖，更不允许他人强取豪夺。你出使我们郑国是为了两国和好，却在敝国强买强卖，坏了我们的规矩，这恐怕不太合适吧？韩宣子听了子产的话，连连道歉，退还了玉环。子产既维护了无辜的商人的利益，又维持了郑国在外交中的尊严，还对以后的外交使臣杀鸡儆猴，可谓是一石多鸟，一举数得！最后就连当事者韩宣子也不得不佩服子产对此事的处理，他甚至私下拜访子产，赠送马匹、玉器来向子产表示自己的由衷感谢："子命起舍夫玉，是赐我玉而免吾死也。"（《左传·昭公十六年》）。

当然，外交舞台错综复杂，"国际"形势波诡云谲，要捍卫国家利益，在外交斗争中占得上风，还是要密切关注复杂多变的形势，对于国际格局、各国内部权贵们的斗争以及外交斗争发展的趋势，做出准确的分析、判断和预测，才能从容进退，左右逢源。郑简公十九年（公元前547年），楚国为了替许国报仇，起兵讨伐郑国。郑人准备抵抗。子产看出晋、楚各携盟国进行了几十年争霸战争，导致各国疲惫不堪，人心厌战，弭兵乃是大势所趋，又根据楚王其人"衅于勇，啬于祸，以足其性而求名"（《左传·襄公二十六年》）的特点，果断地做出如下判断："晋、楚将平，诸侯将和，楚王是故昧于一来。不如使逞而归，乃易成也。"（《左传·襄公二十六年》）建议郑国不要正面抵抗楚军，给楚王卖个面子，满足一下他的虚荣心，这样，将有利于和平的尽快到来。

主持郑国军政要务的子展听从了子产的意见，放松抗楚准备，故作怯弱之态。其结果也正如子产所料，楚王率军来到郑国耀武扬威了一番，随便抓了九个俘虏便班师而回。郑国没有抵抗，也没有导致战争。第二年，宋国的向戌便发起第二次弭兵大会。参加这次大会的，有齐、秦、晋、楚、鲁、郑、陈、蔡、许、曹、卫等国。当时中原诸侯各国内部都发生了"公室卑弱，大夫专政"的现象。长期的争霸战争，使得民生凋敝已极，不仅小国不堪承受，大国也弄得精疲力竭，渴望休养生息。虽然在大会期间晋、楚、齐、秦四个大国之间为了挣面子发生过一点矛盾，但是大会之后，晋、楚两国与中原诸侯之间竟维持和平达四十年之久。可见子产是富有政治远见的。他的暂时妥协、实施不抵抗政策，使得郑国避免了与强大的楚国正面交锋。总体来看，虽然郑国失了一点面子，却不失为赢得里子、保全和平的上上之策。

公元前529年，晋会诸侯于平丘，子产和子太叔赴会。鲁、周、齐、宋、卫、郑、曹、莒、邾、滕、薛、杞、小邾等也都参加了。在会盟期间，因为郑国所应承担的贡赋的问题，子产和晋国当政者发生了激烈的争论，史书谓之"争承"。子产认为，在周天子最初分封时，郑是伯爵，地位较低，不能与公侯同列，因此也不应该和公侯承担同样数额的贡赋。他援引周礼说："昔天子班贡，轻重以列。列尊贡重，周之制也。卑而贡重者，甸服也。"（《左传·昭公十三年》）当年周天子分配贡赋，爵位高的其贡赋也重，这是周王室的原则。只有王畿之内的"甸服"之国，才是爵位低而承担的贡赋重。郑国是伯爵，又非"甸服"，你们按照公侯之国的标准来要求我们，是不符合周王室的原则的，我们只怕也承担不起。现在大家都偃兵修好，使者往来不绝，我们招待起来无穷无尽。一旦财力不济，招待不周，又生事端，难以自存。会盟的本意是保存小国，现在无穷无尽的贡赋，也要将我们压垮，要不要保存我们小国，就看怎么定贡赋的标准了。

这场争论从中午一直持续到黄昏，最终晋国不得不答应子产的要求，同意减轻郑国的贡赋。结盟之后，子太叔对于子产的做法十分后怕，生怕结盟不成，惹火烧身，导致诸侯征伐郑国，因而事后责怪子产。子产则敏锐地觉察到当时晋国六卿专政，政局混乱不堪，根本不可能抽出精力讨伐郑国。事后证明子产的预言是正确的，晋国也没有再追究此事。后来孔子听到子产

为国 "争承" 的事情，连连称赞子产是国家的柱石，对子产的所作所为给予充分的肯定。

郑简公二十五年（公元前 541 年），楚国公子围聘于郑，同时迎娶郑国公孙段氏家族的女儿，楚国大夫伍举（伍子胥的父亲）为副使。实际上，这次外交兼娶亲活动并非如此简单，楚国公子围包藏祸心，企图借此机会突袭郑国，因此带了全副武装的大队人马一同前往。在将入馆舍时，子产发现苗头不对，对方形迹可疑，立即命行人（古代的专职外交官）子羽与楚交涉，告诉他们不能入城，仪式在城外墠地举行。公子围派太宰伯州犁引用礼法条文来辩护，并威胁子羽说，如果在城外举行仪式，那就是没有把我们当作卿大夫来接待，请你仔细考虑一下！子羽一边揭露他们包藏祸心，一边强硬地表示 "小国无罪，恃实其罪"（《左传·昭公元年》），我们郑国本来没有什么过错，如果说有过错的话，那么就错在过分依仗大国，不接受楚国的威胁。

伍举见阴谋被子产识破，知道郑国肯定做好了抵御的准备，便请公子围让步，让随行的军队将弓衣（櫜）倒挂着，以示无弓箭，没有侵略郑国的意图，这样才解决了纠纷。楚人被允许进入馆舍，迎接新妇。公子围的偷袭企图被挫败，心有不甘，总想扳回颜面，于是在同一年指派公子黑肱、伯州犁在郑边境修筑犨、栎、郏三城，进行战略威慑。郑人非常恐慌，以为楚国要侵略他们。子产综合分析楚国的情况，看破公子围此举的目的不在侵略郑国，而是为自己夺取楚国的王位做准备，他不过是借此转移国人的目光罢了。所以子产安慰国人说："不害。令

尹（公子围）将行大事，而先除二子（指黑肱及伯州犁）也，祸不及郑，何患焉？"（《左传·昭公元年》）

果然在这年冬，公子围弑楚王郏敖而自立，是为楚灵王。郑简公三十年（公元前536年），楚公子弃疾赴晋过郑。郑国罕虎、子产、游吉从郑伯在相地欢迎他。弃疾很有礼貌，见郑伯以八匹马作为礼物，如见楚王一样；见子皮（罕虎）如上卿，以六匹马作为礼物；见子产以四匹，见子太叔以两匹，各如其分。并且下令他的随从士兵，不夺草喂马，不进入田中，不砍伐树木，不强买强卖等等。这是过去楚人进入小国境内所没有过的现象。事出反常必有妖，因此子产等人见微知著，预见到这位公子弃疾将有篡位为王的野心，现在的循"礼"的做法，只不过是笼络人心，为日后的抢班夺权做必要的铺垫而已。

历史的演变，果然不出子产之所料。不久之后，楚国政坛就发生血腥的动荡，楚灵王被弑，公子弃疾篡位成功，登基为王，是为楚平王（楚平王即抢夺太子未婚妻，诛杀伍奢、伍尚，导致伍子胥出逃，日后攻楚被鞭其尸的那个楚王）。由此可见，子产不但是一个卓越的外交家，同时也是一位睿智的战略家，他非常善于洞察列国形势，尤其是对于和郑国利害密切相关的楚国和晋国的形势，更是了如指掌。所以他能够准确判断楚国等大国霸主在战略上的动向，随时做好相应的准备，在当时错综复杂的外交博弈中，牢牢地掌握主动权，使郑国的国家根本利益得以最大化。

不作不死：公孙黑的人生不归路

"天作孽，犹可违；自作孽，不可活"，历史上有些显赫一时的大人物，之所以落得身败名裂的悲惨下场，并不是由于运气不佳或他人构陷，而完全是自己没完没了地瞎折腾，引火烧身，最终自食其果。春秋时期郑国上大夫公孙黑，就是这类人中的一个典型。

一

公孙黑，字子晳，为郑穆公之孙，属于著名的郑国"七穆"集团中的一员。其父为公子骈，字子驹，曾为郑国的执政卿（相当于后世的宰相）；其兄为子西，后来也为郑国的卿士。公孙黑虽终其一生只是上大夫，未曾爬到卿士的高位，但毕竟也是郑国国内强宗大族"驷氏"集团中的重要一员，牛气冲天，炙手可热。

公元前563年，郑国内部发生了一场叛乱，史称"西宫之难"。在郑国贵族内部权力斗争中失意的司氏、堵氏、侯氏、尉氏、子师氏等五大宗族，不甘心失败，带领徒党，发动叛乱，在西宫的朝堂上攻打执政大臣，残忍地杀死当国执政子驷、司马子国、司空子耳，劫持了郑简公。"冬十月戊辰，尉止、司臣、侯晋、堵女父、子师仆帅贼以入，晨攻执政于西宫之朝，杀子驷、子国、子耳，劫郑伯以如北宫。"（《左传·襄公十年》）主要执政大臣中，唯有司徒子孔幸免于难。这场叛乱，因为是由堵氏、尉氏等五大宗族发动，又称"五氏之乱"。而这，也正是公孙黑命运的转折点。

叛乱不得人心，郑国贵族子西、子产、子蟜等人处惊不乱，沉着冷静，集结军队，在广大民众的支持下，进行反击，很快就攻克叛乱分子所占据的北宫，杀死尉止、子师仆等主要头目，平息了这场叛乱。其余的叛乱分子中，侯晋逃亡到了晋国，堵女父、司臣、司齐、尉翩等余党则仓皇逃窜到了宋国，"其馀盗在宋"（《左传·襄公十五年》）。

虽说"五氏之乱"已被平定，但是，其余党未能一网打尽，这对郑国政局的长期稳定而言，毕竟是一个严重的隐患。秉持除恶务尽的理念，郑国决定与宋国做一笔政治上的交易，想方设法将"五氏之乱"的残余分子缉拿归案，以正国法。为此，子西、伯有、子产等新上任的执政要员，在经济上大出血，"纳赂于宋"（《左传·襄公十五年》），用一百六十匹良马，外加师茷、师慧两名乐师作为礼物，向宋国主政者司城乐喜等人行贿，求取那些郑国"五氏之乱"后逃窜至宋国的政治流亡者。为了强调郑国方面的诚意，子西等人还以公孙黑充当人质，前往宋国，"三月，公孙黑为质焉"（《左传·襄公十五年》）。在厚重大礼面前，宋国统治者自然把持不住，欣然答应了这个条件。除了司臣一人被礼送出境，托付给鲁国季武子加以保护外，堵女父等其他三人，悉被遣送回郑国。子西、子产等也不含糊，将这三个"乱臣贼子"斩成肉酱，"郑人醢之三人也"（《左传·襄公十五年》）。一则向潜在的不安定因素示儆，一则为刚上台的自己立威。

公孙黑的贡献，虽说不能与在战场上披坚执锐、冲锋陷阵的人们相媲美，但也应该承认，在这场政治斗争中，其扮演的"人质"角色同样不可或缺。毕竟当国家需要他的时候，他没有虚与委蛇，而是能挺身而出，这已经很了不起了。更何况，春秋时期，郑、宋两国乃是死磕多年的对手，到这样充满敌意的国度里去做"人质"，风险还是多少存在的。他的举措，一是尽了"孝"，为"五氏之乱"中死去的父亲子骍报了仇；二是施了"恩"，为同为"七穆"之后的国氏、罕氏、良氏报了仇，让他们多少欠了自己一个人情。然而，也正因如此，当"西宫之难"的余波彻底平息后，公孙黑自以为在这个过程中厥功至伟，变得狂妄自大，飞扬跋扈，俨然不可一世了。他后来的所作所为，往往匪夷所思，令人为之咋舌。

二

随着郑国政局的不断变迁，公孙黑的政治前途水涨船高，其行为方式也随之变得越来越霸道嚣张，一发不可收拾。

这方面，有三件大事，能够很典型地说明他的任性与蛮横。

公孙黑横行霸道的第一个大手笔，是无视国法君威，擅自动用武力，杀死当朝的执政。

公元前554年，郑国的执政卿子孔在一场内乱中身首异处。"郑子孔之为政也专，国人患之。……甲辰，子展、子西率国人伐之，杀子孔，而分其室。"（《左传·襄公十九年》）罕氏的子展成为新的执政卿，"七穆"的成员一荣俱荣，鸡犬升天。驷氏的子西（公孙黑之兄）、良氏的伯有、国氏的子产，也陆续成为了郑国的卿士。可才十年，郑国内部的政治格局又有了新的变化：公元前544年，子展去世了，伯有粉墨登场，成了继子展之后的郑国执政。伯有也许是新上台，出于树立形象与威望之需要，专门拿公孙黑这个刺头开刀，想治一治其桀骜不驯、妄自尊大的毛病，于同年冬天下令，派遣公孙黑出使楚国。公孙黑一听就火了：伯有你可是真有种，执政之卿的座位尚未坐热，居然就敢来找我的晦气，简直岂有此理！老子偏偏就不吃你的这一套。于是乎，他的回答就只两个字：不去。理由也很简单：郑、楚正处于交恶状态，派他出访楚国，乃是执政大臣借刀杀人，想借楚人之手，除掉自己。"楚、郑方恶，而使余往，是杀余也。"（《左传·襄公二十九年》）

其实，公孙黑的这个理由根本不成立，只是强词夺理而已。当时，晋、楚媾和，已经隆重开过弭兵大会，其他中小诸侯国与大国的关系也全面缓和。楚、郑之间哪里有什么兵戎相见的蛛丝马迹？公孙黑出使楚国，鞍马劳顿、风尘仆仆，乃是在所难免的，但说他有什么性命之忧，则绝对是捕风捉影、夸大其词。由此可见，拒绝出使楚国，纯粹是公孙黑故意给伯有找碴、挑衅其权威的行径。伯有也不是一盏省油的灯，为了维护自己的权威，还是不断地催促公孙黑打点行装，出访楚国，"伯有将强使之"（《左传·襄公二十九年》）。公孙黑这下可忍不住了，恶向胆边生，准备起兵攻打伯有，其他家族的人见事情要闹大，死死地拦住了他，"子晳怒，将伐伯有氏，大夫和之"（《左传·襄公二十九年》）。这出使楚国一事，也就暂时地稀里糊涂、不明不白地搁置了下来。

但脓疮最终还是要破裂的。第二年七月，良氏宗族与驷氏宗族的矛盾再度激化。当时，伯有又旧事重提，坚持要公孙黑出使楚国，不允许讲什么条件，"则又将使子晳如楚"（《左传·襄公三十年》）。这一回，公孙黑再也控制不住自己的情绪，悍然发难，统率宗族甲兵进攻良氏，"子晳以驷氏之甲伐而焚之"（《左传·襄公三十年》）。杀得伯有的部属丢盔弃甲，一败涂地。伯有仓皇逃出郑国，"遂奔许"（《左传·襄公三十年》）。惊魂甫定，他集结余卒，实施反攻，却依旧被杀败，而且败得更加彻底，其本人也惨死在郑国都城卖羊的街市之上，"伯有死于羊肆"（《左传·襄公三十年》）。

这场公族内乱，以驷氏的大获全胜而告终。从此，驷氏在郑国炙手可热，如日中天，公孙黑本人也因铲除以伯有为首的良氏一族而忘乎所以，骄矜起来，其霸道的行为方式由此愈演愈烈。公孙黑的肆无忌惮、为所欲为，不但在郑国是妇孺皆知，即使在"国际"上也是臭名昭著。公元前541年，诸侯虢地会盟

时，郑国行人（类似今外交部长）子羽讥讽楚国令尹，结果遭对
方反唇相讥："您还是多去担心贵国子皙（即公孙黑）的肆意妄
为吧！"公孙黑的骄横与霸道，真是"家丑外扬"，驰名天下了。
西谚说："上帝要让一个人灭亡，必先使其疯狂。"从这个意义上
说，公孙黑杀死郑国执政伯有的同时，也为日后他自己的死亡
埋下了伏笔。

三

公孙黑的第二个大手笔，无疑是他突破道德伦理底线，横
刀夺人之爱，与同为公族子弟的公孙楚争夺美人，闹了一场震
撼当时郑国朝野上下的婚姻纠纷。

当时，郑国有一位名叫徐吾犯的贵族大夫，他有一个长得
脸蛋漂亮、身材苗条的"靓女"妹妹，"巧笑倩兮，美目盼兮"，
成为众多贵族青年"辗转反侧""寤寐思服"的爱慕与追求对象。
下大夫公孙楚行动迅速，捷足先登，早早向徐吾家下了聘礼，
就等待选择良辰吉日举办婚礼了，所谓"之子于归，宜其室家"。
本来徐吾犯之妹已是名花有主，不应该再横生什么枝节的。可
是，公孙黑是何许人物？他只认女子是否美貌，可根本不管人
家婚嫁与否。我的美人，自然是我的，不容许任何人染指；人
家的美人，也一样是我的，不是他想要就能拥有的。于是乎，
公孙黑愣是横柴入灶，给徐家送去了定亲的礼物雁鹅，"又使强
委禽焉"（《左传·昭公元年》）。一个"强"字，将他蛮横无理、
为所欲为的凶恶嘴脸描绘得跃然纸上、呼之欲出！

公孙黑这么一闹腾，可让美女的哥哥徐吾犯"一个头两个大"，六神无主。《左传》作者只用一个"惧"字，就活灵活现描绘出他此时的心境。公孙楚下聘礼在前，因公孙黑悔婚赖婚，于情于理均为不合。可是公孙黑凶蛮狠毒，在郑国早已臭名昭著，得罪了他，只有吃不了兜着走的份。智穷计竭，无可奈何之下，徐吾犯匆忙跑到郑国大政治家子产处求救，希望子产出个主意帮他解套。子产听了事情的缘由，也感觉此事颇为棘手，浩叹："是国无政，非子之患也"(《左传·昭公元年》)，这不仅仅是你们徐吾家的晦气。不过，子产不愧为老谋深算的厉害角色，很快就替徐吾犯想出一个不得罪双方的主意："唯所欲与"(《左传·昭公元年》)。意思是说，那就由你家妹子自己来做出嫁给哪一个的决定吧。

徐吾犯万般无奈之下，觉得子产的建议不妨一试。于是就与公孙楚、公孙黑相约：由他的妹妹自己在两人中做选择。公孙楚、公孙黑都对自己在这场婚姻之争中胜出，抱有充分的信心，因此，都欣然接受徐吾犯的提议。到了正式相亲的那一天，公孙黑穿戴得整整齐齐，"盛饰"(《左传·昭公元年》)，摆出文质彬彬的模样，矜持地上门求亲，还非常阔绰地在徐吾家留下一大堆聘礼，然后彬彬有礼地告辞离去。不一会儿，公孙楚也上门了，他一亮相，就抓住了众人的眼球：只见他一副赳赳武夫的粗犷豪迈形象，披甲戴盔，英姿勃发。进了院子，左右开弓，箭射四方，势大力沉，气壮山河。然后面向徐吾家老小唱个大喏，飞身跃上奔驰中的兵车，扬长而去！

徐吾犯的美貌妹妹在房中看了两人的不同表演后，明确地表达了自己的意见，做出最终的选择："子皙信美矣，抑子南（公孙楚字），夫也。夫夫妇妇，所谓顺也。"（《左传·昭公元年》）意谓：公孙黑漂亮是漂亮；可是要说真正的男子汉，也就是我可以嫁的男人，那还是非公孙楚莫属。做丈夫的必须文质彬彬，刚柔并济，要像个男人；做妻子的应该温柔婉约、贤淑柔顺，要像个女人，这样才称得上是阴阳有序、夫妇和谐。于是终于嫁给了公孙楚，"适子南氏"（《左传·昭公元年》）。

先秦贵族本来最重视"信"的品德，所谓"言必信，行必果""自古皆有死，民无信不立"。可是公孙黑在这方面同样是个"异类"。常言道：愿赌服输。可他愿赌，却不服输。求婚失败，公孙黑恼羞成怒，并不肯就此罢休。妒火中烧，让他丧失理智，"既而囊甲以见子南，欲杀之而取其妻"（《左传·昭公元年》），想乘机杀死对方，把那个令自己茶饭不思的美人强抢到手。公孙楚有勇有谋，察知公孙黑的来意，便操戈自卫，击伤对手，粉碎了其桃花春梦。

公孙黑不但凶残，还很无赖，居然恶人先告状，诬陷公孙楚有"异志"，无端伤害上大夫："我好见之，不知其有异志也，故伤。"（《左传·昭公元年》）为一个女子的婚嫁闹出大夫流血受伤的大动静，郑国的贵族坐不住了，商议如何善后，"大夫皆谋之"（《左传·昭公元年》）。主政的子产心似明镜，知道事情的真相：其责任完全在公孙黑。但是，子产为人圆滑，深知驷氏一族势力强大，公孙黑本人更是一个难剃的刺头，实在得罪不起。如果把罪责归到公孙黑头上，则很有可能激怒这个恶棍，逼得他与自己玩命，继而重蹈当年执政伯有的覆辙。所以，为了求得郑国内部政治上的太平，维系住几个大族之间势力的平衡，同时也是为了保证自己的人身安全，子产遂顾不得什么公平公正，决定昧着良心袒护公孙黑，让无辜的公孙楚充当可怜的牺牲品。

子产先是貌似公允地表态：双方都有一定的道理："直钧"（《左传·昭公元年》）。但接着话锋一转：在这种情况下，责任该由地位低的一方承担，"幼贱有罪，罪在楚也"（《左传·昭公元年》）。于是抓捕公孙楚，给他扣上了一大堆帽子，严加痛斥：国家的立国根本规矩有五项，"畏君之威，听其政，尊其贵，事其长，养其亲，五者所以为国也"（《左传·昭公元年》）。可是，你如今统统都冒犯了：国君在位，你擅用兵器，这是不敬畏国君的权威；冒犯国家的法纪，这是不尊重法令制度；人家公孙黑是上大夫，你只是下大夫，而不能恭敬对待，这是不尊重地位高的人；你年轻，但不能侍奉年纪大的，这是没大没小，放肆无礼；用兵器伤害自己的公族兄长，这是不能孝敬亲长。现在国君开恩，不取你的性命，只是把你逐出郑国，流放远方。"君曰：'余不女忍杀，宥女以远。'"（《左传·昭公元年》）你尽快滚出郑国，不要赖着不走，让国君再加重你的罪行。"勉，速行乎，无重而罪！"（《左传·昭公元年》）

同年五月，公孙楚被流放到当时属于蛮荒的吴国。公孙黑虽然最终未曾占有徐吾犯的美貌妹妹，但将情敌公孙楚赶出郑国，让其流亡到穷乡僻壤，也算是多少满足了自己的心愿。而且，通过此事，公孙黑也稍稍揣摩出子产等人的意思：他们仿佛总对他公孙黑忌惮三分，处处顺从他的意志，丝毫不敢有任何"异志"。由此可见，在这场婚姻纠纷中，公孙黑自始至终都扮演了一个邪恶的角色，其自私、狡诈、残忍，得到了淋漓尽致的表现。而暂时的得意和遂愿，也使得他越发忘乎所以，最终在自我毁灭的道路上死不旋踵地狂奔下去。

四

第三个大手笔，是得意忘形，摆不正自己的位置，强行参与"七穆"宗主的盟会，狼子野心暴露无遗。

公孙黑与公孙楚之间的矛盾冲突，就当时郑国的政治生态而言，在一定意义上，并不仅仅是个人之间的恩怨情仇，也多少掺杂着"七穆"系统中驷氏家族（公孙黑）与游氏家族（公孙楚）之间的因素，牵动着两大家族之间的微妙关系。所以，为了缓和因流放公孙楚而引起的"七穆"内部的紧张，公元前541年六月，也就是公孙楚被放逐到吴国的次月，郑简公与郑国大夫们在丰氏家中举行了一次盟誓，以调解驷氏与游氏的矛盾，稳定郑国的政局。之后，"七穆"大系统中的各族宗主子皮（罕氏）、子产（国氏）、公孙段（丰氏）、印段（印氏）、游吉（游氏，公孙楚一族的宗主）、驷带（驷氏）等六人在郑国都城新郑闺门之外，又举行了一次私盟，"私盟于闺门之外，实薰隧。"（《左传·昭公元年》）

公孙黑虽然是"七穆"之后，但是他并不是宗主，原本没有资格参与盟会。可是，他此时野心极度膨胀，利令智昏，居然强行横插一脚，并命令郑国的史官将自己的名字记录在盟会会议纪要上，将明明是六大宗主的盟会，变成所谓的"七子"之会，"公孙黑强与于盟，使大史书其名，且曰'七子'"（《左传·昭公元年》）。

公孙黑这一举动，其性质就不是像与公孙楚争美女那样简单了，因为它牵动了公族内部政治权力结构重组的神经。具体地说，公孙黑"强与于盟"，等于把自己也强行当成了宗主。这就严重地威胁到驷氏宗主驷带在家族中的地位。如果说，在攻杀伯有、放逐公孙楚等问题上，驷氏家族可以支持公孙黑；那么，在宗主权力的维护上，驷氏集团再也无法容忍他肆意妄为了。他们终于开始嫌憎这个捣乱分子，注意加以防范，并决心在合适的时候采取极端措施。应该说，这是公孙黑命运发生转折的关键，一个叱咤风云的人物由盛而衰，往往不是因为遭受外部的打击，而是缘于内部的变乱。公孙黑的迅速败亡，同样不能摆脱这个规律。

其实，当时已经有不少人或多或少地看到了公孙黑必然会垮台的这个端倪。晋国叔向曾向郑国外交官子羽询问郑国政情，"问郑故焉"，同时打听公孙黑的情况，"且问子皙"。子羽毫无掩饰地表示：公孙黑他是兔子的尾巴长不了，很快就会完蛋的，"其与几何！无礼而好陵人，怙富而卑其上，弗能久矣！"（《左传·昭公元年》）不守礼节而热衷欺凌他人，仗恃有钱而轻慢自已的上级，这是败亡的必然征兆。一般人都看到的前景，只有公孙黑自己蒙在鼓里，一无所知。

五

老子说，"天网恢恢，疏而不漏"，出来混，迟早总是要还的。公孙黑的好日子，终于也有了到头的一天。而这一天的降临，说到底，还是他自己瞎折腾的结果。

导致公孙黑最终败亡的契机，是他自信心爆棚，企图剪灭游氏一族的宗主游吉，自己取而代之，成为游氏的新宗主；进而百尺竿头更进一步，觊觎郑国卿士的宝座。

公孙黑虽凶蛮霸道，但并不蠢笨。他没有勇气玩"内卷"的游戏，向侄儿驷带发起挑战，以庶夺嫡，抢夺驷氏家族的宗主之位，而是剑走偏锋，将贪婪的目光投向游氏家族宗主游吉。而游吉在处置其族人公孙楚一事上的怯懦，使公孙黑觉得自己的行动能够胜券在握。当时，郑国执政子产老奸巨猾，息事宁人，决定牺牲掉在那场婚姻纠纷中完全无辜的公孙楚，将其放逐到吴国。所有正常人都明白，这是很不公道的做法。子产自己心里也清楚，"打狗要看主人面"，就登门拜访公孙楚所属的游氏家族宗主游吉，说明解释，希望能得到游吉的谅解。谁知道，游吉的态度很温顺，丝毫没有什么抱怨，而且信誓旦旦地表示：对官方的决定完全拥护，坚决支持，绝对配合。"（游）吉不能亢身，焉能亢宗，彼（指公孙楚犯事遭驱逐一事），国政也，非私难也。子图郑国，利则行之，又何疑焉？……夫岂不爱，王室故也。"(《左传·昭公元年》)总而言之，一切都是为了服从国家的大局，维系政治上的平衡。即便我游吉犯罪，您子产一样可以严惩不贷，何况是一般游氏宗族的成员。"吉若获戾，子将行之，何有于诸游？"(《左传·昭公元年》)说得可谓是斩钉截铁，义正词严。

但是，这在公孙黑的眼里，却是另外一种意思：他觉得游吉一族已经日薄西山，奄奄一息了。在公孙楚被逐一事上，游氏一族居然逆来顺受，不做任何反抗，足见其气数已尽。游氏家族如此不堪一击，还不如乘胜追击，彻底鸠占鹊巢，由自己来当游氏的新宗主，进而攫取卿士之位。

公元前540年秋，蓄谋准备已久的公孙黑，终于按捺不住自己的野心，决定发动叛乱，杀死游吉，夺取其卿位，圆自己的春秋大梦，"将作乱，欲去游氏而代其位"(《左传·昭公二年》)。可是，人算毕竟不如天算，就在公孙黑计划动手的那一刻，去年的旧伤突然发作，痛得他呻吟不已，无法抬腿行走，这样一来，他的阴谋就难以付诸实施了，"伤疾作而不果"(《左传·昭公二年》)。公孙楚去年用戈击伤公孙黑，此时此刻居然拯救了游吉及其族人，不可不谓天道有常，报应不爽。

公孙黑策划的这场未遂政变，除了让游氏家族心惊胆战、魂不守舍之外，也给其所在的驷氏家族上下带来极大的震撼，其宗主驷带和族中诸位大佬，惊魂甫定，都觉得公孙黑的玩法太过头了，越过了最后的红线，已到了自取灭亡的地步。如果再任他闹腾下去，大家迟早会一起陪葬，玉石俱焚。与其扬汤止沸，不如釜底抽薪，为了驷氏家族的生存，决不能继续养虎遗患。于是众人痛下决心，准备诛杀公孙黑，"驷氏与诸大夫欲杀之"（《左传·昭公二年》）。

驷氏和诸大族诛杀公孙黑的计划，当然逃不过执政子产的耳目。子产当然是赞同诛除公孙黑的，但是，作为富有智慧的大政治家，他也会考虑行动的成本。在他看来，如果在清除公孙黑这个政治毒瘤的过程中大张旗鼓，大动干戈，那么，一定会造成大量的流血，成本过于高昂。其实，问题完全可以用更经济的方式来解决。为此，当时正在乡村地区考察工作的子产，马上停止了巡视活动，坐上专车，日夜兼程地赶回都城，来具体处理这个案件。"子产在鄙，闻之，惧弗及，乘遽而至。"（《左传·昭公二年》）

子产一回到国都，直接就到公孙黑的家里，派出吏员一一列举出公孙黑的几大罪状：进攻良氏，杀死伯有，野心勃勃，扰乱国政，国家承受不了你所作所为的沉重代价，这是你的第一个罪行。"伯有之乱，以大国之事，而未尔讨也。尔有乱心无厌，国不女堪，专伐伯有，而罪一也。"（《左传·昭公二年》）与同为"七穆"的同宗兄弟争夺妻室，闹出"国际"笑话，这是你的第二个罪行。"昆弟争室，而罪二也。"（《左传·昭公二年》）闺门外的薰隧之盟，你假冒宗主，僭越参与，这是你的第三个罪行。"薰隧之盟，女矫君位，而罪三也。"（《左传·昭公二年》）子产进而凛然道：你公孙黑有这样三桩大罪，郑国怎么还容得下你？你还是赶快自我了断，一死百了。不然的话，大刑侍候，那就太丢人现眼了。"有死罪三，何以堪之？不速死，大刑将至！"（《左传·昭公二年》）到了这个时候，公孙黑终于明白了一个道理：不要看你当下闹得欢，迟早要被清算！可是这时想要回头还有可能吗？

公孙黑还是想垂死挣扎，在行过稽首大礼之后，他泪眼婆娑，可怜兮兮地向子产恳求一线生机：我旧伤复发，性命已是朝不保夕，请不要再帮着老天爷来虐待和伤害我，请允许我自然死亡。"死在朝夕，无助天为虐。"（《左传·昭公二年》）

子产不为所动，毫不留情地痛斥道：人谁无死？凶恶之徒不得善终，这是命中注定的。做了恶事，就是恶人，就要承担后果。我难道能不顺从上天的意志，而去为恶徒帮忙？"人谁不死，凶人不终，命也。作凶事，为凶人。不助天，其助凶人乎！"（《左传·昭公二年》）

公孙黑听了子产的训斥，自知已难以幸免，于是提出最后一个请求，让自己的儿子当一个市官（今天的高级公务员），"请以（驷）印为褚师"（《左传·昭公二年》）。子产这时依然是铁面无私，公事公办，冷冰冰地回答说：你儿子如果真的有才华，国君自然会任用他的；如果德劣才薄，那早晚将重蹈你的覆辙。你现在不思量和痛悔自己的严重罪行，反而想为儿子求出路，你的脑子真是进水了。再不赶紧自杀，一会儿司寇就到了，那时候，这光天化日之下的审讯，可是让人连颜面都要丢尽了！"印也若才，君将任之；不才，将朝夕从女。女罪之不恤，而又何请焉？不速死，司寇将至。"（《左传·昭公二年》）

在子产不假辞色的一再逼迫之下，公孙黑计无所出，走投无路，最后还是上吊自杀了，"七月戊寅，缢"（《左传·昭公二年》）。他的尸体被拖到郑国都城的通衢大道上示众，其罪状则被写在木板上，与尸体一并展示。在郑国横行霸道多年的公孙黑，终于自己玩死了自己，得到了应有的下场。这印证了一句老话：善有善报，恶有恶报，不是不报，时辰未到。很显然，悠悠苍天，其实从来都没有放过谁。

老子说，"兵强则灭，木强则折"，又说"坚强者死之徒，柔弱者生之徒"。人生在世，有时候放低身段，知白守黑，乃是适者生存的重要原则。人往低处走，往往比人往高处走，显得更有智慧。可是，性格即命运。公孙黑，却是反其道而行之，于是，终究在人生的博弈中碰得头破血流，输得干干净净。毫无疑问，他在当时的郑国政坛上，曾经是一位不折不扣的强者，叱咤风云，指点江山，炙手可热，一时间风光无两，几乎没有什么人敢于尝试撄其兵锋。子产做不到，其他人更做不到。殊不知，公孙黑的所作所为，都是在为自己自我毁灭的不归之路添砖加瓦。他的最终败亡，不是来自他人的打压，而完全应该归咎于自身无限制的膨胀和无休止的折腾。"勇于不敢，则活"，这样的睿智，公孙黑根本没有；而"敖不可长，欲不可从，志不可满，乐不可极"，这样的道理，他也完全不懂。于是，他落得这样的结局也是情理之中，正所谓"勇于敢，则杀"。"不作不死"，公孙黑的所作所为及其最终结局，就是对这四个字最贴切、最形象的诠释。

走出"修昔底德陷阱"：
战略均势与弭兵大会

公元前 546 年由宋国大夫向戌发起，在宋国都城商丘举行的弭兵大会，是春秋历史进程中的一个重要转折点，是春秋中后期列国争霸战争进入战略均势状态背景下的必然产物，对春秋乃至后来战国历史的发展产生过极其深远的影响。

在此之前，春秋诸侯中的头等列强晋、楚、齐、秦四国都致力于向外扩张，一门心思想通过战争这个主要手段，配合外交周旋，角逐霸权，经营中原。但在弭兵大会落幕之后，这四大强国开始消停下来，将战略重心从"攘外"变为"安内"，忙于国内事务，无暇外顾了。

例如晋国与楚国，作为春秋大国争霸的最主要的两大角色，虽然仍免不了尔虞我诈，互找晦气，然而，一直到春秋末年，两国始终在中原没有大动干戈。从这个意义上来讲，弭兵大会的召开并获得成功，完全可以看作是晋、楚两国中原争霸战争进入尾声的重大标志。正在崛起中的吴、越两国，随之接下了争霸的主角之位。

晋、楚两国参加向戌发起的弭兵大会，并达成平分霸权的协议，绝不是突然良心发现，从此金盆洗手，铸剑为犁。毫无疑问，"江山易改，本性难移"，两国统治者骨子里依旧是嗜血的，他们之所以暂时放下屠刀，倡导和平，是因为长期的竞争与角逐，无法决出最终的胜负。无休止的僵持与胶着，让双方都陷于泥淖，难以为继。正是这种以相持为特征的战略均势，决定了双方有可能坐下来平心静气地谈判，并达成一定的妥协与谅解。

众所周知，晋、楚争霸史上，有三场战事可谓具有里程碑的意义。这就是先后爆发于公元前632年的城濮之战、公元前597年的邲之战、公元前575年的鄢陵之战。这三场战事，都是晋、楚两大国之间的战略性会战。

其中，城濮之战是晋文公统率雄师，打得楚军满地找牙，从而"取威定霸"，成为继齐桓公之后中原诸侯的真正霸主。邲之战则是楚庄王"一鸣惊人""一飞冲天"，杀得晋军丢盔弃甲，从而取代晋国成为新的天下霸主。到了鄢陵之战，风水轮流转，战争胜利的天平又向晋国一侧倾斜。是役，晋厉公麾下的栾书、郤至诸将尽心用命，让楚、郑联军饱尝了兵败如山倒的痛苦滋味。三场决定性会战，晋胜两场，楚赢一场。总体来说，是晋稍占上风，但是胜过一回的楚也不是省油的灯。到头来，谁也无法拥有争霸角逐中的绝对优势，只能以时间换空间，彼此僵持，互相对峙。

当然，在当时整个晋、楚争霸大格局中，晋国还是略胜楚国一筹。尤其是经历了晋悼公复霸阶段的三驾之役后，楚国的战略颓势越发凸显。此战中，晋军取得了重大的胜利，并乘胜召开了重建晋国霸权的"萧鱼之会"，这标志着楚国再也无力北上同晋国全面抗衡，也标志着晋国保宋、服郑的战略目标的基本实现，更标志着晋悼公复霸大业达到鼎盛的阶段，即所谓"三驾而楚不能与争"。

然而，需要指出的是，"三驾之役"并没有真正彻底摧毁楚国赖以抗衡晋国的军事实力。双方态势或有不利与有利的差异，但对峙的格局并未被打破，仍然处于战略均势的状态。换言之，晋国自晋悼公复霸以后，虽对楚国已拥有了相对的战略优势，但是受种种条件的制约，并不能顺利将其发展成为胜势。

这从外因上讲，是经历了齐、晋平阴之战后，齐、晋联盟破裂，双方多次兵戎相见，晋国因之削弱了力量，牵制了行动，分散了资源。从内因上说，则是晋国国内公室日益衰微，国君大权逐渐旁落，卿大夫势力不断膨胀。无止境的内乱，使得其不得不将自己的主要注意力转移到国内来，以致无法集中力量与楚国相角逐。这一点早在晋悼公在位晚期就已经显露端倪，即所谓晋国"实不能御楚，又不能庇郑"（《左传·襄公十年》）。在这种情况之下，晋国统治集团委实不乐意为争夺和维系霸权而大动干戈，而是十分渴望有一个较为缓和平静的外部环境，来首先调和内部矛盾，解决积重难返的国内问题，形格势禁，遂有了罢兵停战的意向。

楚国对谈判与弭兵的愿望也同样热衷。自鄢陵之战惨败以来，楚国的实力受到相当严重的削弱，在与晋国争夺天下霸权的斗争中基本处于下风。尤其是晋悼公复霸后，楚国的盟国与仆从越来越少，"门前冷落车马稀"，不但中原枢纽国郑国彻底投入了晋国的怀抱，就连陈、蔡这样长期的坚定盟友也落井下石，与晋国眉来眼去，表现出动摇携贰的迹象。同时，侧后的句吴也在晋国的一手扶植与策划下，对楚国不断进行骚扰和进犯，构成严重的威胁。在这样的背景下，楚国也认识到自己已无力再与晋国相抗争，"当今吾不能与晋争"（《左传·襄公九年》）；"宜晋之伯也，有叔向以佐其卿，楚无以当之，不可与争"（《左传·襄公二十七年》）。所以它非常希望暂时停止大规模的战争，获得一个暂时和平的环境，以恢复国力，重振声威。

至于郑、宋、曹、卫、陈、蔡等中小国家，更是备尝战争所带来的苦果，处于"其民人不获享其土利，夫妇辛苦垫隘，无所底告"（《左传·襄公九年》），"民死亡者，非其父兄，即其子弟。夫人愁痛，不知所庇"（《左传·襄公八年》）的悲惨境地，都快要崩溃了。因此，无论是其统治者，还是其平头百姓，都早就如"大旱之望云霓"，期盼着大国争霸能够止息，和平生活能够降临。

由此可见，厌倦战争，渴望和平，业已成为此时此刻广大民众和中小诸侯的共同心声，这标志着弭兵完全具备了广泛的社会基础。晋、楚两大主角危机败象已渐露端倪，没有力量将霸业进行到底，继续从事大规模的争霸战争，这标志着弭兵基本具备了现实层面的可能。而晋、楚两国主要执政者的明智决策，宋国大夫向戌的积极斡旋，则使得主要大国能够顺应历史的潮流，将这种可能性及时、圆满地转变为现实。公元前546年的弭兵大会就在这样的背景下隆重热闹地召开了。

公元前548年，晋国卿大夫赵文子（赵武）替代病死的范宣子出任首席执政。他深富韬略、老谋深算，对"国际"政治大势有相当清醒的认识，所以，上台伊始，便正式将弭兵戢战作为国家的战略方针提了出来，毫不含糊地表示"自今以往，兵其少弭矣"（《左传·襄公二十五年》），并且明确指出当时已经初步具备了弭兵的条件："齐崔、庆新得政，将求善于诸侯。武也知楚令尹。若敬行其礼，道之以文辞，以靖诸侯，兵可以弭。"（《左传·襄公二十五年》）我们知道，晋国是争霸战争中的第一号角色，此时又拥有对楚国的相对优势，只有它才具备主动挑起战争的条件，属于矛盾中的主要方面。如今它率先表示不再玩了，愿意追求和平、放弃战争，那么，弭兵取得成功就有了一半以上的希望。

楚国的执政者令尹子囊同样反对继续与晋国进行厮杀，希望收敛锋芒，韬光养晦。他曾坚定地表示："当是时也，晋不可敌，事之而后可。"（《左传·襄公九年》）所以，晋国偃武修文的意向，正中楚国的下怀，他连做梦都要笑出声来了。正是在这种晋、楚你情我愿又半遮半掩，不易主动伸出橄榄枝的微妙时刻，宋国大夫向戌的机会来了。于是，他粉墨登场，主动地站到历史舞台的中央，扮演和事佬，"欲弭诸侯之兵以为名"（《左传·襄公二十七年》），开展积极的外交穿梭活动，一举促成晋、楚弭兵大会的顺利召开。

向戌这人可不简单，他人脉极其广泛，活动能力非同寻常，与赵文子和楚国令尹子囊都有很密切的私人交谊。一旦察觉和了解到晋、楚双方都有歇手不打的意向后,他鞍马劳顿,奔走于晋、楚等大国之间,宣传和推销自己的弭兵主张。

向戌先是兴冲冲到了晋国,向赵文子提出弭兵的方案。赵文子的作风倒比较民主,将向戌的建议交付诸大夫讨论。大多数人都表示了赞同,其中韩宣子的分析尤为透彻。他的观点是:"兵,民之残也,财用之蠹,小国之大灾也。将或弭之,虽曰不可,必将许之。弗许,楚将许之,以召诸侯,则我失为盟主矣。"(《左传·襄公二十七年》)意思是,即便明明知道这场"弭兵秀"是幌子,也要假戏真做,否则丢了话语权,让对手利用,就会彻底陷入被动,全盘皆输。诸大夫的反应,正符合赵文子本人的初衷,因此,向戌游说晋国弭兵的目的就水到渠成了。

接着,向戌又风尘仆仆跑到楚国,郑重建议楚国呼应晋国,进行弭兵,楚国正好求之不得,也十分爽快地答应了。

而后,向戌不辞辛苦抵达二等强国齐国,鼓动齐国积极参与弭兵大会,齐公室开始有点勉强,不太情愿出面给晋、楚背书,但拥有军政实权的新贵田文子,却振振有词地表示:"晋、楚许之,我焉得已?且人曰'弭兵',而我弗许,则固携吾民矣,将焉用之?"(《左传·襄公二十七年》)意思是:老大们定的事,我们不必唱反调,跟着走就是。要知道自己是吃几两干饭的,不要做"蚍蜉撼树""螳臂当车"的蠢事。更何况,我们本国的民意也是盼望和平,如果抵制弭兵,那就是与人民为敌,届时一定成为孤家寡人,祸不旋踵矣!齐景公终于同意参加"弭兵大会"。至此，向戌又下一城。

向戌再接再厉，又先后抵达秦国和一些中小诸侯国，也凭着自己的巧舌如簧，轻而易举地争取到它们对弭兵倡议的认同与支持。

一切就绪之后，向戌就在公元前546年的夏秋之交，广发"英雄帖"，约集晋、楚、齐、秦、宋、鲁、郑、卫、曹、许、陈、蔡、邾、滕等十四国代表来到宋国都城，在那里召开了规模盛大、礼仪庄严的弭兵大会。但这样重要的会盟，居然是各国君主"隐形"，十四个诸侯国绝大多数由大夫代表所在国家出席。这在春秋历史上尚属于第一回，也是礼乐征伐"自大夫出"的一个显著标志。

虽然在这次弭兵大会上小插曲不断，曾经出现过诸如晋、楚争先歃血主盟，楚国一方穿着"防弹背心"（"衷甲"）与会，意欲蛮干动武等紧张气氛，但是总体而言，大会仍是顺利而成功的，达到了弭兵休战的基本战略目的。

会议郑重其事地做出决定：以晋、楚为首，各国共同签订盟约，不再打仗，共享和平。自此之后，中小诸侯国对晋、楚要同时朝贡，"晋、楚之从交相见"（《左传·襄公二十七年》），即晋、楚共为盟主，平分霸权，不分轩轾。楚国的盟国要到晋国去朝聘；同理，晋国的盟国也要前往楚国去朝聘。唯有齐国、秦国是和晋、楚相当的大国，所以可以享受特殊的待遇："晋之不能于齐，犹楚之不能于秦也。"（《左传·襄公二十七年》）即分别与晋、楚联盟，不向晋、楚朝贡。至此，轰轰烈烈的弭兵大会宣告结束，晋、楚两大强国罢兵休战、平分霸权的格局就此正式确立了。

今天来看，向戌所倡导的弭兵大会之实质，就是所谓的晋、楚"共治"天下。换言之，通过这次大会，当时中原长期争霸的两大主角晋、楚均承认战略均势，互相妥协，分享霸权。

对于中小诸侯国来讲，弭兵休战的结果，实际上是用加倍的贡赋来换取征伐之苦的减轻。为了不打仗，他们的使臣也就不得不汲汲于跋山涉水，觐拜于晋、楚两国的朝廷，分别呈交"保护费"了。在这之前，中小诸侯国的贡赋就十分沉重了，如《左传·襄公二十四年》记载：晋国"范宣子为政，诸侯之币重，郑人病之"。弭兵大会后，随着贡赋的加倍，它们的困难处境可想而知。当然，"羊毛出在羊身上"，其普通民众所遭受的剥削自然更是层层加码。然而，弭兵毕竟大大地减少了战争，在一定的程度上带来了比较和平安定的社会环境，这多少还是具有积极意义的。

对于晋、楚等大国而言，弭兵的圆满成功，使得它们能够从漫长而沉重的对外争霸战争中暂时摆脱出来，减轻战争的负担，赢得宝贵的喘息与恢复时机。同时，随着外患的暂时淡出，各国得以理顺内部统治秩序，陆续推出并着手实施各种内政改革措施，大大加快利益集团的重新洗牌、重新配置。这样，就有力地促进了统治集团内部新生力量的成长壮大，为这些国家适应历史大潮流，在日后建立起新的运行机制开辟了道路，创造了条件。

恶贯满盈：天字号坏货费无极

春秋近三百年历史中，登场表演的恶人坏蛋，应该说，不在少数，形容为多如"过江之鲫"，似乎也不为过。不过，要在这些坏蛋中寻找一个歹毒邪恶无与伦比、凶狠残忍的典型，那恐怕非楚平王时期的恶棍费无极莫属。他几乎是凭一己之力，将好端端的大楚江山给打了个稀巴烂，使春秋时期这个天下第二强国一夜之间陷入万劫不复的黑暗深渊。

费无极的一生中，做过的坏事不胜枚举，可谓是恶贯满盈，罄竹难书。其中最为臭名昭著的事件有二：一是挑拨离间楚平王父子的关系，陷害大臣伍奢一家，为日后伍子胥充当"带路党"，引狼入室，使吴军"五战入郢"埋下伏笔；二是诬陷和潜杀大臣郤宛，自毁国家长城，让国内各阶层士众怨声载道，离心离德，再也没有了凝聚力。

我们先来看看，他是如何两面三刀，翻云覆雨，分化离间楚平王父子关系，残害忠臣伍奢一家的。

楚平王登基之前，曾在楚的附庸国蔡国待过一段时间，其间，与蔡国的一位官员之女浓情蜜意，两人生下了一个儿子。

不久之后，楚平王顺利上位，就顺理成章将这个儿子册立为太子，是为太子建。楚平王很重视对这位储君的教育与培养，任命心腹大臣伍奢担任第一导师，同时，又委任嬖臣费无极充当第二导师。"楚子之在蔡也，郧阳封人之女奔之，生大子建。及即位，使伍奢为之师，费无极为少师。"（《左传·昭公十九年》）

这位年轻的太子，与伍奢倒是很投缘，与费无极则是不对眼，不合拍，"无宠焉"（《左传·昭公十九年》）。偏偏费无极是一个心胸极其狭隘的小人，特别记仇，睚眦必报。于是乎，他把诬陷太子建，挑拨离间楚平王与太子建两人之间的关系作为自己人生的第一要务。

费无极思虑深沉，直击要害。他先是向楚平王建议，太子已到男大当婚的年龄，该给他找个太子妃了。楚平王当然没有异议，替太子建聘娶了秦国的公室之女。费无极代表楚国前去迎娶，但迎来了秦国的新娘后，费无极又劝说楚平王改变原来的计划，由楚平王自己娶她为妻，"曰：'建可室矣。'王为之聘于秦，无极与逆，劝王取之"（《左传·昭公十九年》）。这一招不着痕迹，确实十分阴损。太子建做新郎的美梦顷刻破碎，心情肯定坠落到谷底，难免对父王的"横刀夺爱"心存怨怼。而楚平王也知道自己抢夺儿媳妇为夫人，不怎么地道，在太子建面前未免感到有些不自在。父子之间，不可避免地滋生了矛盾，出现了隔阂，费无极的第一步计划就这么得逞了。

一招成功，费无极继续在楚平王父子之间捣乱"拱火"，挖空心思来给太子建挖坑和下套。

这一次他玩的是调虎离山之计。他非常诡异地向楚平王建言道：晋国之所以能称霸天下，是由于它在战略地缘上与中原诸国相毗邻，能就近发挥影响，而我们楚国则处于偏僻之地，因此，在双方竞争中处于下风。其实，要想摆脱这一被动局面也不是太难，若是我们大规模修筑城父的城墙，并派出太子到那里镇守，那么，北方的局面就可以搞掂了。这时再由大王您收服南方，何愁天下不定，楚国不霸？

"晋之伯也，迩于诸夏。而楚辟陋，故弗能与争。若大城城父，而置大子焉，以通北方，王收南方，是得天下也。"(《左传·昭公十九年》)

这番话，说得是冠冕堂皇，滴水不漏，正大光明，似乎是出于一片赤忱的公心，殚精竭虑为楚国谋发展，献计献策，楚平王当然是欣然采纳，加以实施。"王说，从之。故大子建居于城父。"(《左传·昭公十九年》)其实，费无极这么做的真实意图，是借此将太子建排挤出楚国的权力中枢，使其远离郢都这个政治中心，在楚国的高层政治中逐渐被边缘化，为自己从事下一步的政治陷害扫清道路。

进行了这一系列的充分酝酿和铺垫后，费无极觉得向太子建与伍奢父子发起致命一击的时机已经完全成熟了，于是，他果断出手，对太子建及其精神导师伍奢残忍地下手了。

在任的国君与其接班人之间的关系是相当微妙的，对于在任的君主来讲，他往往会杯弓蛇影，疑神疑鬼，经常生活在浓厚的"总是有人要害朕"的自我恐惧之中，以至于风声鹤唳，草木皆兵，满满一脑袋的"被迫害妄想症"，生怕储君会按捺不住，急于逼宫上位。费无极对君主的这种心理不仅颇为熟谙，更能善加利用。所以，他要扳倒对手，不仅不露声色，还力求永绝后患：直接举报诬陷对手里通外国，谋逆造反，策划搞割据分裂。

"费无极言于楚子曰：'建与伍奢将以方城之外叛，自以为犹宋、郑也，齐、晋又交辅之，将以害楚，其事集矣。'"（《左传·昭公二十年》）

费无极恐吓楚平王：太子建已争取到了齐、晋两大国的支持，这对楚国而言，乃是大事不好，他们的阴谋眼见就快要得逞了！

对国君来说，其他的事可能都还有商量的余地，但若是触及政治权力的这根红线，那么除了镇压，别无其他的选择。费无极的举报，触动了楚平王最敏感的神经，他不假思索，就信从了费无极的谗言，并立即召见伍奢，质问内情。"王信之，问伍奢。"（《左传·昭公二十年》）

伍奢是赤胆忠心的谏臣，不过，过于方正的人往往讲话不太经过大脑，过于直率，他的回答就体现了这个短板：国君您当时夺人所爱，将太子建之妃收为己有，这就够糟糕的了，现在您变本加厉，居然信从谗言，难道不是错上加错？"君一过多矣，何信于谗？"（《左传·昭公二十年》）楚平王这个纳准儿媳为夫人的做法，本来就是一个丑闻，拿不上台面的。平王本人对此也是讳莫如深，生怕人家揭这个疮疤。可伍奢脑子不够用，哪壶不开提哪壶，这下子可彻底激怒了楚平王，原本只是

"问"，现在就立马升级，变成了关押的"执"，"王执伍奢"（《左传·昭公二十年》）。

楚平王一不做，二不休，在逮捕关押伍奢的同时，他派遣城父司马奋扬前去诛杀太子建。这个城父司马是一个有智慧的高人，他懂得"做事留一线，日后好相见"的道理，在动身赶赴城父的途中，提前派人通知太子建：情况危急，您还是逃跑吧，悠悠万事，保命第一。太子建也深知父王秉性，接到线报，立即行动，快马加鞭，逃亡到宋国以避杀身之祸。"三月，大子建奔宋。"（《左传·昭公二十年》）

现在，太子建出逃了，伍奢被关押了，费无极处心积虑谋算的大局，应该说是基本底定了。他本当消停下来，让一切恢复正常。如果是这样，费无极的坏与恶，还不算是达到恶贯满盈、遗臭万年的程度。但事实上，他接下来的操作，只有更坏没有最坏，而且从长远来看，给楚国带来了灾难性的后果。

费无极此时，将自己作恶的重心，转移到"指鹿为马"、只手遮天之上，企图一劳永逸地解除来自伍奢两个儿子的威胁。为借刀杀人，他对楚平王说，伍奢的儿子都有才干，他们要是到了吴国，那必定会成为楚国的祸患。我们何不用赦免其父的名义召回他们？"奢之子材，若在吴，必忧楚国，盍以免其父召之。"（《左传·昭公二十年》）楚平王对费无极是言听计从，派人召他们回郢都，表示道：回来吧，我赦免你们的父亲，"来，吾免而父"（《左传·昭公二十年》）。

伍奢的长子伍尚，时任楚国棠邑大夫，他和其弟伍员（伍子胥）都是聪明绝顶的人物，费无极设下的圈套，他们是看得一清二楚，知道若是回郢都，与父亲一起被杀乃是大概率的事件，但是，不理睬王命，置父亲的生死安危于不顾，那在道义上也说不过去，这种内心的深重愧疚，将会使自己的良心与灵魂一辈子都无法得到安宁。这让他们兄弟俩为此纠结万分，深陷天人交战的痛苦。

关键时刻，还是身为兄长的伍尚说话了：你去吴国吧，我打算回去慷慨赴死。我的才智不如你，我能受死；你能报仇。听到赦免父亲的命令，不能没人回去；亲人遭冤杀，不能没人报仇。奔向死亡而使父亲免死，那是孝；估计功效而后行动，那是仁；选择合适的任务而去做，那是明智；明知死亡在前而不逃避，那是勇敢。父亲不可抛弃，名誉不可亵渎，你就好好努力吧。

"尔适吴，我将归死。我知不逮，我能死，尔能报。闻免父之命，不可以莫之奔也；亲戚为戮，不可以莫之报也。奔死免父，孝也；度功而行，仁也；择任而往，知也；知死不辟，勇也。父不可弃，名不可废，尔其勉之。"（《左传·昭公二十年》）

接下来的戏码，的确如同伍尚之所料，也遂了歹徒费无极之所愿。楚平王、费无极等人果然毫不犹豫地亮出屠刀，将伍奢、伍尚以及伍氏一门屠戮殆尽，酿成了春秋后期楚国国内最大的冤案。而逃亡吴国的伍子胥，也从此矢志报仇，终于在公元前506年，辅佐吴王阖闾在柏举一役中大破楚师，并乘胜追击，五战入郢，让楚国君民饱尝了家破国亡的苦涩滋味，而楚国有此之惨败，正是拜恶棍费无极之所赐，他是让郢都陷落的罪魁祸首。

一个人一旦突破了道德底线，作了恶，那么他就会渐渐习惯做坏事，直至不再有任何的心理负担。费无极在陷害太子建、构祸伍奢父子一事上，轻易得手，这使得他得意扬扬，在整人害人的黑道邪路上毫无顾忌地一路狂奔。七年之后，借令尹子常之手，把那位在国人中享有崇高威望的大臣郤宛残杀灭口，就是他继续作恶的又一个例子。

官居左尹一职的郤宛为人"直而和，国人说之"（《左传·昭公二十七年》），这让费无极和他的同党鄢将师等人感到十分不爽，认为这位郤宛在任，会妨碍他们的利益，对他们构成一定的威胁，因此他们沆瀣一气，朋比为奸，处心积虑，必欲去之而后快。"鄢将师为右领，与费无极比而恶之。"（《左传·昭公二十七年》）

费无极的可怕之处，在于他不仅仅有邪恶的"心"，更具备了做坏事的"能"。拥有将坏事做成的才干，这才是最为可怕的。他善于揣摩人心，更是能说会道，诡计多端。他知道要扳倒郤宛这样重量级的人物，单凭自己那点能耐是无法称心如意的，需要借力打力，借刀杀人。而这个"力"和"刀"，就是位居令尹（相当于宰相）高位、势大权重的子常。这个令尹子常"常贿而信谗"（《左传·昭公二十七年》），贪赃枉法，偏听偏信，人品很差，加上智商低下，完全可以加以利用，以售其奸。

针对郤宛的忠厚与令尹子常的昏聩，费无极精心地设计了一个"局"。他对子常说：郤宛打算请您喝酒。转头又告诉郤宛说：令尹大人想到你家里喝酒。郤宛感到有点意外，也有点受宠若惊，说道："我是地位低贱的人，实在不配令尹大人屈尊前来。令尹若是屈尊光临，那对我的恩惠实在太大。我没有什么可以回报，那该怎么办？"

"我，贱人也，不足以辱令尹。令尹将必来辱，为惠已甚，吾无以酬之，若何？"（《左传·昭公二十七年》）

费无极心怀叵测地说："令尹大人他喜好皮甲兵器，你就拿出来，我帮你来挑选。"郤宛是厚道人，哪里会对费无极的建议有任何的怀疑。于是就取出五副皮甲，五件兵器。费无极说，东西很不错，你就把它们放在家门口，令尹来了，他一定会驻足观看，那时，你就乘机将这些皮甲、兵器当作礼物，赠送给令尹。

到了请客喝酒的那一天，郤宛提前将皮甲、兵器放在门左边的帷帐里。而费无极无中生有的陷阱也就此正式启动。他对令尹子常说："我差一点儿就害了您！我听说郤宛可是不怀好意，正准备对您下毒手，连皮甲、兵器都安放在门边了，您可千万不要去喝这顿酒！""吾几祸子。子恶（郤宛）将为子不利，甲在门矣。子必无往！"（《左传·昭公二十七年》）

令尹子常将信将疑，就派人前去郤宛家侦察，情况果然如费无极所言，有皮甲放置在其家门前。于是子常放弃了赴宴的打算，召见费无极的同党鄢将师，将郤宛所谓的"不轨"之心一一告诉，潜台词是郤宛既然不"仁"，那么也就休怪我不"义"了，这等于是为费无极等人大开杀戒、整肃异己打开了绿灯。鄢将师对此心领神会，马上集结将士，进攻郤宛，并放火烧房。郤宛得知消息，悲愤之下，自杀身亡。这次动乱，不仅使郤宛全族都成为费无极等人的刀下之鬼，而且殃及池鱼，连与郤宛一族关系密切友好的阳令终一族与晋陈一族也陷入灭顶之灾，遭到灭族。

费无极在背后操控的这场大屠杀，其所产生的恶劣影响，要远远胜过七年前驱逐太子建，残杀伍奢、伍尚父子事件，国内怨言不断，凡是有一定身份的贵族大夫，都纷纷指责令尹子常，认为是他给费无极等坏蛋提供了作恶的条件，最终酿成了惨极人寰的悲剧。"楚郤宛之难，国言未已。进胙者莫不谤令尹。"(《左传·昭公二十七年》)令尹子常人品固然糟糕，但是，还是注意自己的名声和形象，在乎他人的评价的。所以，面对国人的责难他有了较大的精神压力，"令尹病之"(《左传·昭公二十七年》)。

既然令尹子常还存在着爱惜羽毛的心态，那么，就可以加以利用，稍做挽回。楚国足智多谋的沈尹戌就找上门来，向令尹子常慷慨陈词：郤宛等人没有罪过，可您却杀了他们，招致怨言，没有消停的希望。我实在感到很困惑啊，仁爱者尚且不可用杀人掩盖指责；现在您杀了人而招致谴责，却不考虑如何来补救，这不是匪夷所思吗？费无极的恶名在外，其谗佞奸邪、作恶多端的斑斑劣迹，可谓是无人不知，无人不晓。就是因为他，王室内部上演了父子反目、忠臣殒命的悲剧，我们现在这位君主平王，本来在功业上是可以超越成王、庄王的，可就是因为宠信这个费无极，才导致在诸侯中形象不佳，威望不高。"平王之温惠共俭，有过成、庄，无不及焉。所以不获诸侯，迩无极也。"（《左传·昭公二十七年》）

沈尹戌接着说：现在他又利用你所提供的机会，杀了三个无辜的大臣。结果引起国内的极大不满，这可是要拖累您了。您如果不考虑解决问题，那么，还用您这位令尹干吗！在这场变故中，郤氏等三族被灭族，这三族可是国家的精英，现在莫名其妙被屠灭，这难道不是亲者痛、仇者快的悲哀？我们的世仇吴国刚刚册立了新君，边境形势日益紧张，倘若此时楚国爆发战事，我们将无人可用，您可就危险了！这是典型的自毁长城啊！聪明人去除谗佞者以使自己安全，可如今您却喜欢进谗者而使您自己身处危险。您也真的是太糊涂了呀！"知者除谗以自安也，今子爱谗以自危也，甚矣，其惑也！"（《左传·昭公二十七年》）

沈尹戌的这番话，说得是合情合理，一针见血，令尹子常这一回倒是听进去了。他虚心地表示："是瓦（囊瓦，子常是其字）之罪，敢不良图！"（《左传·昭公二十七年》）

其实，像费无极这种人，在君主或主政大臣的眼里，只是用来整人的工具，像抹桌布似的，用完后是可以随时抛弃的。有时候，为了缓解和平息"如蜩如螗，如沸如羹"的民怨，他们也难以避免被抛弃的命运。历史上武则天治下的酷吏周兴、索元礼、来俊臣的遭遇，均是生动的例证。一旦他们的存在与统治者核心利益发生冲突，那更是会被弃之若敝屣！

一贯倒行逆施、作恶多端的费无极，最终也无法摆脱这个无情的历史宿命。令尹子常这么一变卦，他的最大靠山就不复存在了。他依靠花言巧语、无中生有、欺上瞒下等手段而营建起来的政治红利，一夜之间就蒸发殆尽。等待着他的，只能是"天网恢恢，疏而不漏"的"报应"。多行不义必自毙，这个报应，很快就降临在他和他的同党头上，这一年"九月己未，子常杀费无极与鄢将师，尽灭其族，以说于国。谤言乃止"（《左传·昭公二十七年》）。

尊严的代价："信"观念与华豹之死

明末清初杰出思想家顾亭林在其《日知录》卷十三"周末风俗"条中指出："如春秋时，犹尊礼重信，而七国则绝不言礼与信矣。"可见，在春秋时期，"信"乃是社会生活中最重要的文化观念，尤其是各级贵族安身立命所需的最高道德伦理准则之一。《左传·昭公二十一年》所载的宋国华豹之死事件，就是这方面一个很好的例证。

公元前 521 年，宋国发生华氏之乱。宋国国君联合齐、晋、卫诸国之师，组成联军，与华豹所率领的叛军在赭丘（今河南西华县北）交锋。在作战过程中，联军将领公子城的战车与华豹的战车相遭遇，公子城主动退却，可是华豹得势不饶人，不但没有因此罢兵返回，反而冲着公子城大喊一声："城也！"这是充满敌意的挑衅（古人之间一般互称表字。直呼其名，为很不礼貌的粗鲁行径）。公子城勃然大怒：我都主动退了，你倒是来劲了，那好吧，咱们就来个一决雌雄。于是，他掉转车头，准备与华豹正面硬刚。可是，就在公子城装上箭镞准备拉弓的时候，华豹已拉满弓弦一松手，便将箭向公子城射了过去。

或许是心理紧张的缘故，也有可能是由于其箭术不够高明，华豹这一箭并没有射中公子城，"豹射，出其间"。于是，他就准备射第二箭，"则又关矣"。对面的公子城见状，可不干了，就大声喊道，"不狎，鄙！"《春秋左传正义》解释为："不更射为鄙。"意思是你怎么能不讲规则呢，你已经射了我一箭，我还没有还手，你居然想再射，这太不讲武德了，实在太卑鄙了！你歇歇吧，现在该轮到我射了。华豹一听，觉得公子城说得有道理。按照守"信"的准则，是该轮到公子城射。那好吧，我就不射了，姑且等你射完之后，轮到我，我再射一箭好了。于是他就把已上了弦的箭镞从弓上取下，呆若木鸡地站在战车上，静静地等着对方射他。结果很悲惨，他被公子城一箭射死了，再也没有机会了。

华豹为遵循"军礼"，恪守信用，而葬送了自己的性命。这与一百多年前宋襄公因践行"君子不重伤，不禽二毛""不以阻隘""不鼓不成列"诸"军礼"原则而导致泓之战大败亏输、丧身辱国可谓同出一辙。而这种现象在春秋时期的大量存在，则说明了在当时许多人的逻辑中，"信"是为人处事上最宝贵的情操与道德，是最高的伦理准则，与"忠"相并重，故合称为"忠信"。正所谓"言必信，行必果""人而无信，不知其可也"。此外，"信"也是确保经国安邦、天人和谐的最重要保证之一："小信未孚，神弗福也。"（《左传·庄公十年》）

兵圣孙子也认为，作为将帅，必须讲信用，守承诺，切忌出尔反尔，朝令夕改。所谓"威信"，其实意味着统帅之所以能拥有崇高的威望，从根本上说，是因为其讲信用、守诺言，能够真正做到信赏必罚，言出必行。孙子特别强调"信"的地位与价值，将它置于将帅"五德"序列中的第二位，仅仅次于"智"。

　　然而，进入战国时期之后，社会文化气质和精神风貌已有了实质性的转变，那种建立在贵族精神上的荣辱观被彻底颠倒，是非心、感恩心、敬畏心几乎荡然无存。取而代之的，乃是功利之心的甚嚣尘上，笼罩一切，"泯然道德绝矣……贪饕无耻，竞进无厌，国异政教，各自制断。上无天子，下无方伯。力功争强，胜者为右。兵革不休，诈伪并起"（刘向《〈战国策〉书录》）。在这种时代背景之下，"信"这个重要道德伦理范畴，就相对被边缘化，而不再像春秋时期那样，成为人们念兹在兹，甚至能以性命相履践的至高无上的道德戒律。虽然后世儒家所倡导的"五常"之中，尚有"信"的一席之地，但它的位置已经排在最后（仁、义、礼、智、信），算是忝陪末座了。故战国时期的儒家"亚圣"孟子言"四端"，只涉及"五常"中的"仁，义，礼，智"，所谓"恻隐之心，仁之端也。羞恶之心，义之端也。辞让之心，礼之端也。是非之心，智之端也"（《孟子·公孙丑上》），而根本无视"信"的存在。由此可见，对"信"的重视程度之别，其实说到底就是春秋时期与战国时期两者之间的文化精神之别。

信言不美：陈呾的大实话

在近三百年的春秋历史上，陈呾是一个几乎没有任何存在感的小人物。然而，就是这样一个不起眼的"吃瓜群众"，有时候也会凭着寥寥无几的几句对白，以杰出的睿智洞穿政治的谜底，以可贵的清醒反衬权贵的颠顶，一针见血地道出一些颠扑不破的人生哲理，从而在历史上写上浓墨重彩的一笔，进而使自己的名字得以附于竹帛，传诸后世。

据《左传·哀公十一年》记载，该年夏天，陈国发生了一桩政治事件：时任陈国司徒要职的辕颇，在陈国贵族与民众的共同声讨和反抗之下，仓皇逃出陈国都城，累累如丧家之犬，无奈之下，只好前去投奔郑国以求苟延残喘。

春秋时期，司徒是大官，主持一个国家的经济大政方针，同时执掌民政事务，位居国家最有权力的行政官吏"三有司"（另两位为掌管军事的司马和主持工程建设的司空）之首。可到了如今，一时风光无限、位高权重的辕颇却在陈国再也混不下去了，这究竟又是怎么一回事呢？

其实，辕颇落到如此下场，都是他自找的，正所谓"天作孽，犹可违；自作孽，不可活"。原来，辕颇在任时，赶上陈国国君陈闵侯办喜事嫁女儿。作为行政长官，辕颇自然要参与这场婚礼的操办，共襄盛举，借此机会向国君输诚纳忠，进一步稳固自己的官位。他的办法很简单，就是"薅羊毛"，向广大民众增收赋税，借花献佛，同时捞取政治资本，"赋封田以嫁公女"，"羊毛出在羊身上"，辕颇的这个小算盘可打得贼忒精明。

假如辕颇只玩到这里就打住，倒还不至于闹出乱子，在个人政治生涯中栽大跟斗。因为赋税负担加重，虽然让广大民众有些不爽，但它既然是"嫁公女"的开支，就没有脱离"政治正确"的范畴，政治立场与态度是个原则性问题，平头百姓难以违背，只能乖乖地顺从，积极地响应。

可是，接下来，辕颇自己的"神操作"把事情彻底搞砸了。他利令智昏，贼胆包天，乘机化公为私，把办婚事后尚有富余的那部分赋税，挪作己用，去铸了某种不知所云的"大器"。"有余，以为己大器"（杜预注：大器，钟鼎之属）。

陈国的国人们本来就因为经济负担增加而内心郁闷怨恨，只是因"嫁公女"的政治正确而不敢有所表示。如今，见辕颇借此中饱私囊，他们自然"是可忍，孰不可忍"，把满腔愤怒之火全对着辕颇发泄而出，辕颇哪里抵挡得了，"三十六计，走为上"，只好狼狈不堪地出逃。

逃亡的滋味当然是不怎么好受的，担惊受怕不说，光是南方地区夏季溽热的气候，就够平常养尊处优惯了的贵族高官喝上一壶了。辕颇很快就感到精疲力竭，饥渴难耐，整个身心近乎崩溃。"道渴"两个字，道尽这一路上的辛苦与悲催。就在这个狼狈不堪的关键节点，辕颇的转机来了：随同他出逃郑国的部属陈妲给他带来生存的希望，拿出稻米所酿的甜酒、精细小米制作的干粮和杂有姜、桂腌制的肉干，供辕颇好好享用。"其族陈妲进稻醴、梁糗、腶脯焉。"

辕颇享用着美味佳肴，心情顿时大好，连声赞叹，对陈妲不吝表扬之词，太丰盛了！太丰盛了！陈妲你是怎么办得如此妥当的啊？陈妲的回答倒也很实在：这可不是临时置办的。说实在的，荒郊野外的，我到哪里去搞这些好东西？其实，我是早有预备，当时主公您铸造钟鼎大器时，我就预料到会有今天，所以我从那时起就准备好了这些食物。

辕颇听了，备受打击，情绪低落，他不从自己身上找原因，反而开始责怪陈妲不够意思，为什么不在当时就提醒他、劝阻他。陈妲的回答很有意思。我那时若是劝阻您，您正在兴头上，哪里会听得进去，不但不会停止铸钟鼎，反而会愤慨我的多嘴多舌，败坏兴致，恼怒之下，先让我下岗了，"惧先行"（杜预注云："恐言不从，先见逐"）。

俗话说，"当局者迷，旁观者清"。当一个人处于顺风顺水的状态时，其思维也最容易陷入盲区。他很容易忘却"敖不可长，欲不可从，志不可满，乐不可极"这个简单的道理，从而让胜利冲昏自己的头脑，直至在阴沟里翻船。看似高歌猛进，其实却处于危机四伏的境地，特别需要有人在边上提醒他，使他能够避免陷入深渊的危险。

可是，如果他身处炙手可热的地位，其他人又怎么有可能向他进忠言？忠言逆耳，真话遭忌，这是明摆着的事实。直面强权的胆量、痛批逆鳞的勇气，往往不是一般人拥有的。古今无数成败得失，其实就在于"祸患常积于忽微，而智勇多困于所溺"（《新唐书·伶官传序》）；在于当事人不能够做到杂于利害，一味向前而刹不住车。我们读历史，经常感觉到，历史上教训往往多于经验，而悲剧也似乎多于喜剧。辕颇的失败，就是例子。而陈咺作为一介小人，其见微知著的政治远见，也只能落实到提前准备应付逃难之需这一点上，悲乎！

祸不旋踵：春秋小国的败亡之道

我们说，春秋战争的属性是"争霸"，战国战争的属性是"兼并"，这只是就当时大中型诸侯国之间的战略格局与军事冲突而言。事实上，春秋时期的战争中，同样存在着大量大国兼并小国的现象。对当时众多分散林立的弱小诸侯国，大国普遍实行弱肉强食、狼吞虎咽的做法。"汉阳诸姬，楚实尽之"，楚国的行径，就是这方面的缩影。司马迁感慨：《春秋》之中，弑君三十六，亡国五十二，诸侯奔走不得保其社稷者，不可胜数！"这道出了当时弱小诸侯国的共同遭遇与宿命。

春秋时期弱小诸侯国的覆灭，根本原因当然在于那些强大诸侯国的野心和贪婪，他们在攫取人口、劫掠资源、霸占地盘的强烈贪欲驱使之下，乐此不疲地动用武力剪灭小国，以成就所谓的霸业，小国沦亡，也因此而成为不可逆转的历史趋势。但是，除此之外，一些小国在面临覆亡的危机之时，战略决策匪夷所思，策略手段稀里糊涂，为大国兼并计划得以顺利实施提供契机、创造条件，同样是一个不可忽略的因素。

面对强敌的威胁和霸凌，当时的弱小诸侯国加速自身败亡的原因和方式可谓五花八门。

其中之一，是过度信赖自己与大国之间的姻亲关系，所谓"诸夏亲暱，不可弃也"（《左传·闵公元年》），误以为大国念及这份亲情，能对自己留有余地，不至于痛下杀手。其实，在现实功利面前，亲情的小船说翻就翻。对野心勃勃的大国诸侯来说，所谓血缘纽带不过是一种工具，完全可以弃之如敝屣。邓国的遭遇就是如此。

春秋伊始，楚国曾拉拢邓国，主动与其联姻，楚武王的夫人邓曼就是邓国的宗室之女。因此，邓国名义上也是继楚武王而立的楚文王的母舅之国。周庄王九年（公元前688年），楚文王决策，向南阳盆地扩张楚国的势力，率兵攻打申国。行动中，大军北上需要经过咽喉之地邓国。楚文王遂向邓国借道，"楚文王伐申，过邓"（《左传·庄公六年》）。邓国国君没有丝毫的犹豫，就准备同意楚国的要求，理由是"吾甥也"（《左传·庄公六年》）。外甥让娘舅提供方便，当然要帮忙。不仅如此，邓祁侯还大摆宴席，为楚文王洗尘，犒劳和慰问楚军将士，"止而享之"（《左传·庄公六年》）。

邓国还是有明白人的，他们深知所谓的亲情是靠不住的，楚国的狼子野心，迟早会给邓国带来灭顶之灾。所以，骓甥等三位邓国大臣奉劝邓祁侯先下手为强，乘机杀掉楚文王。"骓甥、聃甥、养甥请杀楚子"（《左传·庄公六年》）。他们的忠告非常诚恳："亡邓国者，必此人也。若不早图，后君噬齐！"（《左传·庄公六年》）不狠心下手，一定会后悔莫及。总之，若是君主您打算自暴自弃，那也就算了；如果尚有一点责任感，现在就是天赐良机，千万不可错过！

遗憾的是，邓祁侯并没有政治敏感和判断，也太在乎所谓的亲情了，他觉得自己作为老娘舅，同室操戈，狠心地"磨刀霍霍"砍向外甥楚文王，实在是猪狗不如，必定会被世人所唾弃，因而坚决不同意。面对邓祁侯的迂腐与执拗，这些明智的大臣无计可施，无可奈何，唯有悲叹邓国覆灭的浩劫在所难免。悲从中来，他们做了最后的一次努力，再三指出后果严重："若不从三臣，抑社稷实不血食，而君焉取余！"（《左传·庄公六年》）哪怕这警告够直白，够严厉，邓祁侯依然不以为然，丝毫不受触动，"弗从"（《左传·庄公六年》）。

对敌人的慈悲，就是对自己和子民们的残忍。楚文王当然没有体谅和回馈邓祁侯，他征伐申国大获成功的同一年，又大举兴师攻伐邓国，给邓国以沉重的打击。十年之后，楚文王不再遮遮掩掩，图穷匕见，卷土重来，再次攻打邓国，一举灭之，"（鲁庄公）十六年，楚复伐邓，灭之"（《左传·庄公六年》）。什么"母舅之国"，全是"塑料"关系，一捅就破。

原因之二，是倚仗有别的强大诸侯站台撑腰，误以为自己可以在大国争霸斗争的夹缝中左右逢源、游刃有余；或误以为自己与敌对大国在空间上悬隔，对方鞭长莫及，对自己无可奈何，因此而放松警惕，暴露破绽，给对方以可乘之机。黄国被灭，就是如此。

《左传·僖公十二年》记载，地处今河南省潢川县一带的蕞尔小国黄国，原先一直扮演着楚国的跟班，鞍前马后地替楚国跑腿，过得那叫一个憋屈。谁知道，天上突然就掉了馅饼，黄国一下子时来运转，傍上了当时的天下霸主齐桓公这个大靠山。这一下可太了不得，黄国君臣马上变得牛皮哄哄，趾高气扬，进而得意忘形，都不知道自己姓甚名谁了。思维一旦进入盲区，行动必然要拉胯掉链子，黄国的统治者在激情之下，犯下了无可救药的错误，不再向楚国老大哥进奉贡赋了，不搭理楚国了，"黄人不归楚贡""黄人恃诸侯之睦于齐也，不共楚职"。

其实，对黄国与齐国结盟之事，当时的齐相管仲就明显持保留态度，曾劝谏齐桓公不要接受黄国的请求，与之结盟。理由是江、黄等国距离齐国太遥远，距离楚国则相对较近。而楚国又特别追逐功利，如果它蛮劲上来，不顾一切，对江、黄诸国痛下杀手，齐国的处境就会很尴尬：援救形格势禁，难以实施；不援救，则等于让楚国打脸，在天下诸侯眼里丢人现眼。无论如何，齐国的威信必将彻底丧失，这买卖可是赔惨了。"贯之盟，管仲曰：江、黄远齐而近楚，楚，为利之国也，若伐而不能救，则无以宗诸侯矣。"（《穀梁传·僖公十二年》）不过，齐桓公此时正沉浸于荣膺春秋首霸的巨大喜悦之中，没有接受管仲的忠告，"桓公不听，遂与之盟"（《穀梁传·僖公十二年》）。

黄国内部大概也有头脑比较冷静的人，他们觉得国君这么选边站队，把国家的一切利益都押宝在齐国的身上，而拒绝向楚国老大哥纳贡，这赌注未免太高昂了，万一发生什么差池，楚军杀上门，齐援却不至，那就满盘皆输了。可能黄国的统治者也多少听到了这样的私下议论，只是并没有太往心里去，认为一方面有齐国做大靠山，另一方面，楚国距离自己有数百里地，劳师袭远，兵家大忌，黄国自然有恃无恐。"自郢及我九百里，焉能害我？"

孙子说："夫惟无虑而易敌者，必擒于人。"（《孙子兵法·行军篇》）黄国统治者选边站队，背楚投齐，也立马付出了亡国绝祀的沉痛代价，"夏，楚灭黄"。而它所倚仗的大靠山齐国，也基于自己的根本利益，在关键时刻把黄国当成了弃子，并没有出兵援救。"楚伐江灭黄，桓公不能救。"（《穀梁传·僖公十二年》）政治的现实，就是这么残酷无情！

原因之三，乃是小国未能摆正自己的位置，莫名其妙地自我膨胀，不能做到朝乾夕惕，居安思危。在和强大诸侯的交往过程中，没有放低身段，委曲求全，而是企图和人家平起平坐，维持所谓的尊严，甚至于忘乎所以，滋乱闹事，那就怪不得人家好好修理了。春秋时期强大诸侯都奉行"丛林法则"，在它们眼里，弱小诸侯就是自己生杀予夺、任意宰割的对象，哪里有什么资格和自己讲条件，说平等？更不要说不度德不量力而寻衅滋事了。如果小国能俯首帖耳，唾面自干，也许大国还能发点善心，让他们苟且偷生，以示作为霸主的宽宏大量；倘若小国桀骜不驯，不肯安分守己，那么，就属于敬酒不吃吃罚酒，只有被大国剪灭，绝无例外。息国不自量力，主动挑起与郑国的战争，遭到郑国的凌厉反击，丢盔弃甲，一败涂地，为日后遭遇楚国的进攻、倾覆社稷埋下了伏笔，正是这类情况的典型案例。

据《左传·隐公十一年》记载，郑国和息国外交上言语失和，互相怼上了，"郑、息有违言"。众所周知，郑国在春秋首先崛起，造就了郑庄公"初霸"的局面。此时，郑庄公还在台上，郑国国势正如日中天，较之于息国这样将寡兵微的蕞尔之邦，自然是足以让人不寒而栗的庞然大物。可是息国居然头脑发热，和郑国较上劲了。更加匪夷所思的是，言辞不恭也就算了，息国竟然主动出兵攻击郑国。见对方蚍蜉撼树，郑庄公火冒三丈，遂挥师反击，双方在息、郑边境地区大打出手。弱小的息军，哪里是郑国雄师劲旅的对手？结果当然毫无悬念，息军大败亏输，自取其辱，"郑伯与战于竟，息师大败而还"。孙子有言："小敌之坚，大敌之擒也。"信然！

息国君臣这种以卵击石的自杀性"神操作"，让《左传》的作者都看不下去了。既然息国如此爱折腾，其灭亡的命运也在情理之中，"君子是以知息之将亡也：'不度德，不量力，不亲亲，不征辞，不察有罪，犯五不韪，而以伐人，其丧师也，不亦宜乎？'"（《左传·隐公十一年》）息国距离彻底垮台，为时不远了。

不过，比较出人意料的是，终结息国国祚的，倒不是郑国，而是管仲口中的"为利之国"楚国。这也许是郑庄公宅心仁厚，看在息、郑同为姬姓兄弟之国的分上，顾及亲情血缘而手下留情。但是郑国不做，不等于其他诸侯国也不做。楚国捷足先登，凌厉出手了。据《左传·庄公十四年》的追叙，"楚子如息，以食入享，遂灭息"。楚文王心狠手辣，毫不犹豫地将息国灭了，并留下一个"伤心岂独息夫人"的故事，让后人永远记住了息国当年自寻死路的深重教训。

命运之锤：也说"虽楚有材，晋实用之"

楚国是春秋战国时期的一个大国。它大部分时间里建都于郢（今湖北荆州），此地处南北中枢，北据汉、沔，接襄汉之上游；襟带江湖，东连吴会；西通巴蜀，远接陕秦。内阻山险，易守难攻。故顾祖禹引胡安国语："荆渚，江右上流也。故楚子自秭归徙都，日以富强。近并穀、邓，次及汉东，下收江黄，横行淮泗，遂兼吴、越，传六七百年而后止。此虽人谋，亦地势使然也。"（参见《读史方舆纪要》卷七十八）凭借着这一优越的地理条件，楚国致力于对外扩张，兼并小国，兵进中原，使自己的疆域扩大到大半个南中国，一跃而成为春秋战国时期面积第一的大国。

但是，我们同时也发现，在春秋战国的绝大部分时间里，楚国永远是"国际"战略大棋局中的"千年老二"，春秋时，总被齐、晋压着一头；而到了战国时期，又先后受到魏、秦、齐列强的压制，不胜憋屈。

这个局面的形成，有多个复杂的原因。其中一个不可忽略的因素，就是楚国内部的政治建设明显落后于其他重要的诸侯国，这突出表现为留不住自己的优秀人才，甚至"为他人作嫁衣裳"。所谓"虽楚有才，晋实用之"。例如，楚军在鄢陵之战中遭遇惨败，重要原因之一，乃是楚国叛臣苗贲皇积极替晋厉公出谋划策，将楚军内部的虚实和盘托出，使得晋军得以在战场上把握主动，乘虚蹈隙，制敌死地。"苗贲皇在晋侯之侧，亦以王卒告……言于晋侯曰：'楚之良，在其中军王族而已。请分良以击其左右，而三军萃于王卒，必大败之'。"（《左传·成公十六年》）

又如，晋景公在位时，晋国拉拢吴国结盟，唆使其在楚国的侧后开辟第二战场，使得楚国陷入两线作战、腹背受敌的战略困境，顾此失彼，左支右绌。这一毒辣招数的策划者和具体实施者不是别人，正是楚国的叛臣申公巫臣。"巫臣请使于吴。晋侯许之。吴子寿梦说之。乃通吴于晋，以两之一卒适吴，舍偏两之一焉。与其射御，教吴乘车，教之战陈，教之叛楚。"（《左传·成公七年》）

结果，当然是楚国大败，"子重、子反于是乎一岁七奔命。蛮夷属于楚者，吴尽取之"（《左传·成公七年》）。

再如，提出"疲楚误楚，三分其师"之谋，导致楚军在日后的吴、楚柏举之战中大败亏输，进而让对手"五战入郢"，逼得楚王抱头鼠窜、楚国几近亡国的，就是那位大名鼎鼎的楚国逃亡者——伍子胥。其他像伯嚭等人，也都是从楚国出走敌国，心甘情愿地替人卖命，而与自己的故国叫板作对的。

先秦时期人才的流动比较频繁，人们的国家意识不是特别强烈，可以朝秦暮楚，随时跑到他国（包括本国的敌国）成为高级打工仔。这种情况并非为楚国所独有，但是在楚国尤其严重且普遍。在某种意义上，楚国不是被敌国在战场上打败的，而是让"楚奸"们从背后搞残整死的。他们充当"带路党"，不遗余力给敌人递刀子，其破坏性之大，超过了人们的想象，这是一个十分沉痛的历史教训。

楚国人才严重流失，原因很多，很复杂，但其中一个重要因素，恐怕是楚国历代最高统治者的刻薄寡恩，残忍酷虐。例如，同样是打败仗，秦、晋崤之战后，秦穆公主动承担起战败的主要责任，孟明视、西乞术等三位统帅虽然导致秦军"匹马只轮无返"的惨败，却没有失去信任，依旧充当秦军的统帅。"孤违蹇叔，以辱二三子，孤之罪也"，"孤之过也，大夫何罪？且吾不以一眚掩大德"（《左传·僖公三十三年》）。

但是，反观楚国，城濮之战败北后，令尹子玉就被楚成王逼得不能不自裁了断，"既败，王使谓之（子玉）曰：'大夫若入，其若申、息之老何？'""（子玉）及连穀而死"。晋文公听到消息后，连连地说"莫余毒也已"（《左传·僖公二十八年》），兴奋喜悦之情溢于言表。鄢陵之战失败后，楚军的主帅司马子反也没有了活命的机会，只能以生命为国君背锅。在这样恶劣险峻的政治环境中，楚国的诸多贵族与大臣，自然会对绝情寡义的楚王离心离德，同床异梦。一旦有风吹草动，就跑路潜逃，乃至借他国之手来报复母国，也就是势所必然了。

由此可见，能否珍惜和善待优秀人才，让其充分发挥作用，而不是"为渊驱鱼，为丛驱雀"，把他们推向对手阵营，倒过来反噬自己，乃是决定事业成败的一大关键。春秋时期"虽楚有材，晋实用之"的历史文化现象，所揭示的正是这个永恒的规律。